- FAIT MAISON -

CLASSIQUES

d'hier & d'aujourd'hui

Recettes gourmandes
testées à la maison

Éva Harlé

- FAIT MAISON -

CLASSIQUES

d'hier & d'aujourd'hui

Photographies : Aline Princet
Stylisme : Isabelle Brouant

hachette
CUISINE

- FAIT MAISON -

SOMMAIRE

- INTRODUCTION -

Pourquoi les bonnes recettes de nos grands-mères ont-elles disparu de notre quotidien ? Avec la nouvelle cuisine, moderne et tendance, on en oublierait presque la cuisine traditionnelle française de notre enfance !

J'ai pris beaucoup de plaisir à écrire cet ouvrage et à retrouver des vieilles recettes oubliées. J'aimerais qu'il suscite en chacun l'envie de cuisiner les grands classiques d'hier et d'aujourd'hui, la curiosité de se tourner vers un répertoire culinaire français traditionnel et le plaisir de se réunir en famille ou entre amis autour d'un plat unique, authentique et convivial.

J'ai fait le tour de certaines régions françaises dont j'ai regroupé quelques grands classiques. Je me suis notamment longuement attardée sur l'Alsace et la Lorraine, ma région, car je pense que ces recettes méritent d'être connues de tous. Ce sont celles qui ont bercé mon enfance.

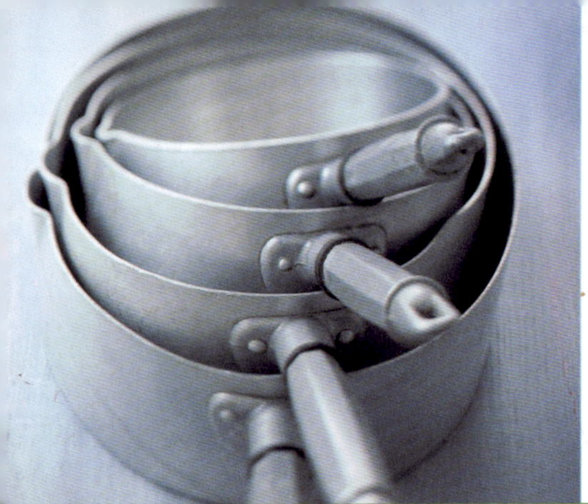

- CE QU'IL VOUS FAUT -

MATÉRIEL INDISPENSABLE

LES INCONTOURNABLES

- Cocotte, de préférence en fonte ou avec un revêtement épais. C'est le secret de la réussite des plats mijotés !
- Autocuiseur, très pratique pour cuire les légumes et gagner un temps considérable !
- Cocotte en cuivre ou en Inox, idéale pour réaliser les confitures, les gelées et les coulis.
- Robot ménager, pour râper, mixer et hacher toutes sortes de préparations.
- Saladiers de différentes tailles, pour faire mariner la viande, préparer des pâtes à tarte et à gâteaux.
- Batteur électrique, indispensable pour monter les blancs d'œufs en neige ou pour réaliser de la crème Chantilly maison.

LE PETIT MATÉRIEL

- Cuillères en bois, pour remuer tous types de préparation.
- Spatule souple (maryse), elle permet de racler le fond des casseroles et des saladiers.
- Passoire fine (chinois), idéale pour filtrer les jus et les coulis.
- Moulin à légumes, indispensable pour réaliser de délicieuses purées maison.
- Rouleau à pâtisserie, pour étaler toutes sortes de pâtes à tarte ou à gâteau.

LES MOULES
- Moules à gâteaux de différentes tailles.
- Moules à tartes et à tartelettes, pour les tartes et quiches.
- Moules à cakes.
- Plat à gratin pour réaliser les gratins, les clafoutis et les mendiants.
- Moules à terrine, indispensables pour cuire des terrines et des pâtés.
- Petits ramequins, pour servir des crèmes aux œufs, des gâteaux de riz ou des petits flans.

- FAIT MAISON -

RECETTES DE BASE

PÂTE BRISÉE

TRÈS FACILE

Pour **1** pâte
10 min de préparation
30 min de réfrigération
Coût €

250 g de farine • 125 g de beurre • 1 pincée de sel • 1 jaune d'œuf

1 Versez la farine dans un saladier. Creusez un puits au centre et déposez-y le beurre ramolli et coupé en morceaux. Ajoutez la pincée de sel.

2 Mélangez du bout des doigts jusqu'à obtention d'un sable.

3 Ajoutez le jaune d'œuf et un peu d'eau pour lier. Malaxez la pâte jusqu'à ce qu'elle devienne homogène et élastique.

4 Formez une boule de pâte et laissez-la reposer au frais pendant 30 min.

VARIANTE

Vous pouvez ajouter des herbes séchées dans la pâte, comme du persil ou de la ciboulette par exemple.

PÂTE SABLÉE

FACILE

Pour **1** pâte
10 min de préparation
30 min de réfrigération
Coût €

250 g de farine • 125 g de beurre
• 1 pincée de sel • 80 g de sucre en poudre
• 1 jaune d'œuf

1 Versez la farine dans un saladier. Creusez un puits au centre et déposez-y le beurre ramolli et coupé en morceaux. Ajoutez la pincée de sel.

2 Ajoutez le sucre et mélangez du bout des doigts jusqu'à obtention d'un sable.

3 Ajoutez le jaune d'œuf et un peu d'eau pour lier. Malaxez la pâte jusqu'à ce qu'elle devienne homogène et élastique.

4 Formez une boule de pâte et laissez-la reposer au frais pendant 30 min.

VARIANTE
Ajoutez un peu de cannelle à la pâte si vous l'utilisez pour une tarte aux fruits par exemple.

SAUCE BÉCHAMEL

FACILE

Pour **25** cl
15 min de préparation
10 min de cuisson
Coût €

20 g de beurre • 2 cuil. à soupe bombées de farine • 25 cl de lait • 5 cl de vin blanc sec • Noix muscade • Sel, poivre du moulin

1 Faites fondre le beurre à petit feu dans une casserole.

2 Lorsqu'il est fondu, ajoutez la farine et remuez doucement à l'aide d'un fouet pendant 2 min.

3 Versez le lait froid et le vin blanc en même temps. Continuez de remuer jusqu'à ce que la préparation épaississe.

4 Assaisonnez la sauce avec un peu de sel, de poivre et de noix muscade râpée.

VARIANTE
Remplacez le vin blanc par un trait de jus de citron.

CONFIT D'OIGNONS

FACILE

Pour **1** pot
10 min de préparation
1 h **10** de cuisson
Coût €

6 gros oignons • 100 g de sucre en poudre
• 4 cuil. à soupe de vinaigre balsamique
• 1 cuil. à soupe d'huile d'olive

1 Épluchez les oignons et émincez-les finement. Faites-les revenir à feu doux dans une casserole avec l'huile d'olive, jusqu'à ce qu'ils deviennent translucides.

2 Saupoudrez les oignons de sucre et versez le vinaigre balsamique. Remuez et laissez cuire 10 min à feu vif, jusqu'à ce que le vinaigre s'évapore.

3 Couvez la casserole et laissez cuire à feu très doux pendant 1 h. Remuez de temps en temps.

4 Versez le confit d'oignons dans un bocal hermétique. Ce confit se conserve une dizaine de jours au réfrigérateur.

VARIANTES
Remplacez le vinaigre balsamique par du porto et utilisez des oignons rouges.

BEURRE MAISON

FACILE

Pour **100** g
15 min de préparation
Coût €

20 cl de crème liquide à au moins 35 % de matière grasse

Matériel
Batteur éléctrique • Passoire

1 Sortez la crème liquide du réfrigérateur au moins 30 min avant de commencer. Elle doit être à température ambiante. Fouettez la crème liquide à l'aide du batteur électrique. Vous obtiendrez d'abord une consistance de crème Chantilly.

2 Continuez de battre jusqu'à ce que la crème devienne granuleuse. Ensuite, des particules de crème vont apparaître et du jus (petit lait) va se former. Fouettez jusqu'à ce que les particules de crème soient bien visibles.

3 Versez le tout dans la passoire et rincez le beurre obtenu. Remuez le beurre en faisant tourner la passoire, jusqu'à ce qu'il se transforme en boule.

4 Déposez le beurre dans un bocal en verre et conservez-le au réfrigérateur pendant 3 jours.

VARIANTE
Pour réaliser du beurre salé, ajoutez-y de la fleur du sel avant de le déposer dans le bocal.

CARAMEL LIQUIDE

FACILE

Pour **1** bocal
2 min de préparation
15 min de cuisson
Coût €

250 g de sucre en poudre • 1 cuil. à soupe de jus de citron • 5 cl + 10 cl d'eau

1 Dans une petite casserole à fond épais, faites chauffer le sucre, le jus de citron et 5 cl d'eau.

2 Laissez bouillir la préparation jusqu'à ce qu'elle devienne ambrée. Comptez environ de 10 à 15 min.

3 Lorsque le caramel a pris une jolie couleur ambrée, versez 10 cl d'eau. Attention aux projections !

4 Remuez pendant encore 2 min, puis versez le caramel dans un pot en verre. Il se conserve 1 mois au réfrigérateur.

CRÈME ANGLAISE

FACILE

Pour **50** cl
10 min de préparation
30 min d'infusion
12 h de réfrigération
10 min de cuisson
Coût €

1 gousse de vanille • 40 cl de lait entier • 4 jaunes d'œufs • 75 g de sucre en poudre

Matériel
Passoire • Film alimentaire

1 Fendez la gousse de vanille à l'aide d'un couteau et grattez l'intérieur pour en récupérer les graines. Faites chauffer le lait doucement dans une casserole avec la gousse et les graines de vanille.2Ôtez du feu et laissez la vanille pendant 30 min dans le lait tiède. Filtrez le lait à l'aide de la passoire.

2 Dans un saladier, fouettez les jaunes d'œufs avec le sucre en poudre, jusqu'à ce que le mélange blanchisse et forme un ruban.

3 Portez le lait à ébullition et versez-le sur les œufs sans cesser de fouetter. Reversez le mélange dans la casserole et faites chauffer à feu doux, sans cesser de remuer. La crème anglaise ne doit surtout pas bouillir, sinon les œufs coaguleraient et des grumeaux se formeraient.

4 La crème anglaise est prête lorsqu'elle nappe le dos de la cuillère. Si la consistance de votre crème est trop liquide, poursuivez la cuisson. Laissez-la refroidir au réfrigérateur plusieurs heures, recouverte de film alimentaire.

ASTUCE

Pour vérifier la cuisson, passez un doigt sur la spatule nappée de crème anglaise, la trace doit rester bien nette. Pour une crème anglaise bien onctueuse, n'hésitez pas à la passer au chinois avant de servir.

CONSEIL

Si votre crème bout et qu'il y a des grumeaux, versez-la dans une bouteille en verre, puis fermez le bouchon et agitez-la pendant 3 min, jusqu'à ce qu'elle redevienne lisse et homogène.

- FAIT MAISON -

LÉGUMES & FROMAGE

FACILE

Pour **6** personnes
15 min de préparation
25-30 min de cuisson
Coût €

TARTE À LA TOMATE

1 pâte brisée maison (voir recette p. 12) ou du commerce • 2 cuil. à soupe de moutarde à l'ancienne • 50 g de gruyère râpé • 6 tomates • Origan séché • Beurre et farine, pour le moule • Sel, poivre du moulin

Matériel
Moule à tarte

1. Si vous la préparez maison, réalisez la pâte brisée en suivant les instructions de la recette p. 12. Préchauffez le four à 180 °C (th. 6).

2. Étalez la pâte brisée à l'aide d'un rouleau à pâtisserie et déposez-la dans le moule à tarte préalablement beurré et fariné. Piquez la pâte avec une fourchette. Étalez la moutarde à l'ancienne sur le fond de la tarte à l'aide d'une cuillère et parsemez de gruyère râpé.

3. Coupez les tomates en fines lamelles et disposez-les dans le moule. Salez, poivrez et parsemez d'origan séché.

4. Enfournez la tarte à la tomate pour 25 à 30 min de cuisson, jusqu'à ce qu'elle soit bien dorée. Servez la tarte encore tiède.

FACILE

Pour **6** personnes
25 min de préparation
30 min de cuisson
Coût €

TARTE À L'OIGNON

1 pâte brisée maison (voir recette p. 12) ou du commerce • 800 g d'oignons • 1 noix de beurre + pour le moule • 1 cuil. à soupe de farine + pour le moule • 3 œufs • 20 cl de crème liquide • Noix muscade • Sel, poivre du moulin

Matériel
Moule à tarte

1. Si vous la préparez maison, réalisez la pâte brisée en suivant les instructions de la recette p. 12. Préchauffez le four à 210 °C (th. 7).

2. Étalez la pâte brisée à l'aide d'un rouleau à pâtisserie et déposez-la dans le moule à tarte préalablement beurré et fariné. Piquez la pâte avec une fourchette.

3. Épluchez et coupez les oignons en fines lamelles. Dans une poêle à petit feu, faites revenir les oignons dans la noix de beurre. Ils ne doivent pas colorer. Lorsqu'ils sont translucides, saupoudrez-les de farine et remuez quelques instants. Ôtez du feu.

4. Dans un saladier, fouettez les œufs et la crème. Salez, poivrez et ajoutez de la noix muscade râpée. Versez les oignons dans le saladier et transvasez la préparation sur le fond de tarte.

5. Enfournez la tarte à l'oignon pour 30 min de cuisson, jusqu'à ce qu'elle soit bien dorée. Servez la tarte chaude et accompagnez-la d'une salade verte par exemple.

FACILE

Pour **4** personnes
15 min de préparation
18 min de cuisson
Coût €

SOUPE À L'OIGNON

500 g d'oignons • 1 noix de beurre • 20 g de farine • 1 cube de bouillon • 40 g de fromage râpé
• Sel, poivre du moulin

1. Épluchez et émincez finement les oignons. Dans une cocotte, faites fondre le beurre. Ajoutez les oignons émincés et laissez-les légèrement brunir. Lorsqu'ils deviennent translucides, saupoudrez-les de farine et remuez.

2. Versez 75 cl d'eau dans la cocotte et ajoutez le cube de bouillon. Laissez cuire pendant 15 min en remuant de temps en temps. Assaisonnez.

3. Préchauffez le gril du four. Versez la soupe dans des bols et saupoudrez-la de fromage râpé. Faites gratiner sous le gril du four pendant quelques minutes. Servez la soupe à l'oignon accompagnée de croûtons de pain.

TRÈS FACILE

Pour **4** personnes
15 min de préparation
40 min de cuisson
Coût €

VELOUTÉ DE CRESSON

8 pommes de terre (environ 800 g) • 400 g de cresson • 1 pincée de gingembre moulu • 15 cl de crème liquide • 1 noix de beurre • Sel, poivre du moulin

Matériel
Mixeur plongeant

1. Faites fondre le beurre dans une cocotte. Ajoutez les pommes de terre préalablement épluchées et coupées en morceaux. Faites chauffer en remuant pendant 2 min, puis couvrez avec 50 cl d'eau.

2. Salez et laissez cuire environ 10 min, le temps que les pommes de terre soient bien cuites. Ajoutez alors le cresson et laissez cuire 1 minute supplémentaire. Mixez le tout à l'aide du mixeur plongeant.

3. Poivrez le velouté, puis ajoutez le gingembre moulu et la crème liquide. Servez bien chaud.

FACILE

Pour **4** personnes
15 min de préparation
15 min de cuisson
Coût €

VELOUTÉ DE FANES DE RADIS

400 g de fanes de radis (jeunes) • 2 petites pommes de terre • 1 cube de bouillon • 5 cl de crème liquide • Sel, poivre du moulin

Matériel
Mixeur plongeant

1. Rincez les fanes de radis. Vous pouvez les faire tremper dans un bac d'eau froide pendant 15 min si certaines sont flétries.

2. Épluchez les pommes de terre et coupez-les en petits cubes.

3. Dans une casserole, versez 40 cl d'eau. Ajoutez le cube de bouillon, les pommes de terre et les fanes de radis préalablement égouttées. Faites cuire à feu moyen pendant 15 min à couvert.

4. Mixez le tout à l'aide du mixeur plongeant, puis ajoutez la crème. Salez et poivrez. Versez le velouté dans des bols et servez aussitôt.

FACILE

Pour **6** personnes
40 min de préparation
45 min de cuisson
Coût €€

SOUPE AU PISTOU

250 g de haricots écheleurs (haricots verts plats) • 1 oignon blanc • 2 petites pommes de terre • 1 courgette • 150 g de haricots rouges frais • 150 g de haricots blancs frais • Parmesan (facultatif) • Sel, poivre du moulin

Le pistou
1 bouquet de basilic • 5 gousses d'ail • 20 cl d'huile d'olive • 4 tomates

Matériel
Mortier et pilon

1. Rincez tous les légumes. Coupez les haricots écheleurs en tronçons de 2 cm. Pelez l'oignon et les pommes de terre. Taillez la courgette, l'oignon et les pommes de terre en petits cubes. Rincez les haricots rouges et blancs.

2. Versez 2 litres d'eau dans une cocotte. Plongez les haricots rouges et blancs dans l'eau froide. Faites chauffer. Lorsque l'eau frémit, ajoutez les autres légumes. Laissez cuire pendant 40 min.

3. Pendant ce temps, préparez le pistou. Dans le mortier, écrasez les feuilles de basilic avec l'ail pelé à l'aide du pilon. Versez l'huile d'olive en un mince filet tout en continuant de piler. Vous devez obtenir une mixture onctueuse.

4. Portez une casserole d'eau à ébullition, puis plongez-y les tomates entières. Pelez-les et épépinez-les. Ajoutez-les au pistou.

5. Versez le pistou dans la soupe bouillante. Remuez, salez et poivrez. Servez aussitôt, en parsemant éventuellement la soupe de parmesan.

VARIANTE
Ajoutez quelques petites pâtes dans la soupe, ainsi qu'un talon de jambon cru et un talon de jambon cuit.

FACILE

Pour **4-6** personnes
10 min de préparation
1 h **30** de cuisson
Coût €

SOUPE DE POIS CASSÉS

300 g de pois cassés • 1 feuille de laurier • 2 blancs de poireau • 4 carottes • 2 pommes de terre • ½ céleri • 2 navets • Sel, poivre du moulin

Matériel
Écumoire (facultatif)

1. Dans une cocotte, faites cuire les pois cassés dans 2 litres d'eau bouillante additionnée de la feuille de laurier. Comptez 10 min de cuisson. Si de la mousse apparaît en surface, écumez-la.

2. Épluchez les légumes et coupez-les grossièrement en morceaux. Ajoutez tous les légumes dans la cocotte et laissez cuire à couvert pendant 45 min à feu moyen.

3. Salez et poivrez. Fouettez bien la soupe avant de la servir (ne la mixez pas).

CONSEIL
Accompagnez la soupe de saucisses ou bien de quelques lardons grillés.

TRÈS FACILE

Pour **2** personnes
10 min de préparation
15 min de cuisson
Coût €

SOUPE DE FLOCONS D'AVOINE

1 échalote • 1 noix de beurre • 1 verre de flocons d'avoine • 1 cube de bouillon • Quelques brins de persil frais • 1 cuil. à soupe de crème fraîche • Poivre du moulin

1. Dans une cocotte, faites revenir l'échalote préalablement pelée et émincée dans la noix de beurre. Ajoutez les flocons d'avoine et remuez.

2. Versez 2 verres d'eau et ajoutez le cube de bouillon. Laissez cuire pendant 15 min à petit feu, en remuant régulièrement. Rajoutez éventuellement un peu d'eau si la préparation vous paraît trop épaisse.

3. Incorporez un peu de persil haché. Poivrez et ajoutez la crème fraîche. Servez sans attendre.

FACILE

Pour **4** personnes
10 min de préparation
15-20 min de cuisson
Coût €

POIREAUX VINAIGRETTE

4 blancs de poireau • 2 cuil. à soupe de vinaigre • 3 cuil. à soupe d'huile neutre • 1 cuil. à soupe de moutarde • 2 échalotes • Quelques brins de persil frais • Sel, poivre du moulin

1. Rincez les poireaux et coupez-les en tronçons de 15 cm de longueur. Dans une grande casserole d'eau bouillante, faites-les cuire pendant 15 à 20 min, selon l'épaisseur.

2. Préparez une vinaigrette bien relevée en mélangeant le vinaigre, l'huile et la moutarde. Pelez et émincez finement les échalotes, puis ajoutez-les à la vinaigrette avec un peu de persil haché. Salez et poivrez.

3. Lorsque les poireaux sont cuits, égouttez-les bien en les posant sur du papier absorbant quelques minutes. Servez les poireaux encore tièdes avec la vinaigrette bien relevée.

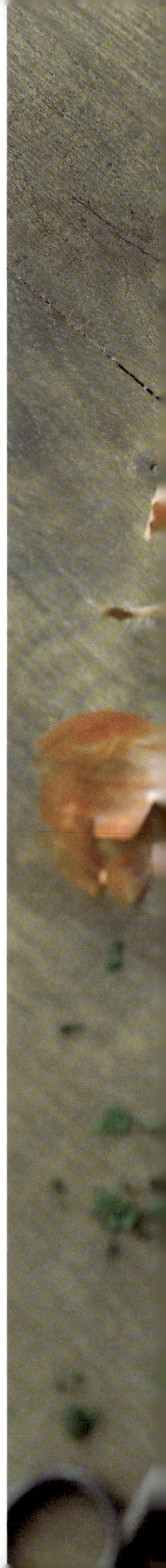

FACILE

Pour **6** personnes
35 min de préparation
20 min de cuisson
Coût €

PURÉE VERTE

1 kg de poireaux • 500 g de pommes de terre • 20 g de beurre • Noix muscade • Crème fraîche (facultatif) • Sel, poivre du moulin

Matériel
Passoire

1. Lavez et coupez les poireaux en petits tronçons. Épluchez les pommes de terre et coupez-les en cubes.

2. Faites chauffer un grand volume d'eau dans une cocotte. Lorsque l'eau bout, ajoutez les légumes et laissez-les cuire pendant 20 min.

3. Égouttez les légumes et écrasez-les grossièrement avec le beurre. Salez, poivrez et ajoutez de la noix muscade râpée à votre goût. Incorporez éventuellement une touche de crème fraîche à la purée au moment de servir.

FACILE

Pour **6** personnes
15 min de préparation
40 min de cuisson
Coût €

SALADE DE PISSENLIT

500 g de feuilles de pissenlit • 150 g de lardons • 3 cuil. à soupe de vinaigre • 2 cuil. à soupe de crème fraîche • 1 cuil. à soupe d'huile d'olive • 1 oignon • 3 œufs durs • Poivre du moulin

1. Lavez les feuilles de pissenlit à l'eau plusieurs fois. Vous pouvez les laisser tremper dans une bassine d'eau pendant 30 min. Essorez-les et versez-les dans un grand saladier.

2. Dans une poêle, faites revenir les lardons. Posez-les sur la salade et déglacez immédiatement la poêle avec le vinaigre. Ajoutez également la crème et l'huile dans la poêle. Poivrez. Versez le tout sur la salade.

3. Pelez et émincez l'oignon. Coupez les œufs durs en dés. Déposez le tout dans le saladier, remuez et servez.

VARIANTE

Vous pouvez remplacer le pissenlit par de la salade frisée.

FACILE

Pour **6** personnes
10 min de préparation
20 min de cuisson
Coût €

GALETTES DE POMME DE TERRE

1 kg de pommes de terre • 2 oignons • Quelques brins de persil frais • 2 petits œufs • 2 cuil. à soupe de farine • Huile neutre • Sel, poivre du moulin

1. Épluchez les pommes de terre et les oignons. Dans un saladier, râpez les pommes de terre. Ajoutez les oignons préalablement émincés, le persil haché et les œufs. Mélangez et assaisonnez. Incorporez la farine à la préparation.

2. Prélevez une grosse cuillerée de pâte et déposez-la dans une poêle bien chaude huilée. Faites griller les galettes 5 min de chaque côté. Renouvelez l'opération jusqu'à épuisement des ingrédients. Servez chaud.

CONSEIL

N'hésitez pas à ajouter de l'huile dans la poêle au fur et à mesure de la cuisson des galettes pour qu'elles soient bien grillées.

FACILE

Pour **4** personnes
35 min de préparation
15-20 min de cuisson
Coût €

SOUFFLÉ AU FROMAGE

4 œufs • 50 g de beurre + pour les moules • 50 g de farine • 30 cl de lait • 120 g d'emmental râpé • Noix muscade

Matériel
Batteur électrique • 4 ramequins

1. Préchauffez le four à 180 °C (th. 6). Séparez les blancs des jaunes d'œufs.

2. Faites fondre le beurre dans une casserole. Versez la farine d'un seul coup et remuez pendant 2 min. Ajoutez le lait et mélangez jusqu'à ce que la préparation épaississe. Saupoudrez d'un peu de noix muscade râpée.

3. Hors du feu, ajoutez les jaunes d'œufs. Remuez vivement pour éviter qu'ils ne cuisent.

4. Montez les blancs en neige bien ferme à l'aide du batteur électrique. Incorporez-les délicatement à la préparation précédente. Ajoutez enfin le fromage râpé.

5. Versez l'appareil à soufflé dans 4 ramequins propres et beurrés. Enfournez les soufflés pour 15 à 20 min de cuisson, jusqu'à ce qu'ils soient bien gonflés et bien dorés.

6. Servez les soufflés sans attendre avant qu'ils ne retombent. Accompagnez-les d'une salade verte.

FACILE

Pour **4** personnes
10 min de préparation
1 h de repos
Coût €

SALADE DE GRUYÈRE

3 cuil. à soupe d'huile neutre • 2 cuil. à soupe de vinaigre • 1 cuil. à soupe de moutarde • 1 cuil. à soupe de crème fraîche • Quelques brins de persil frais • 400 g de gruyère (en bloc) • 2 échalotes • Sel, poivre du moulin

1. Dans un saladier, mélangez l'huile, le vinaigre, la moutarde et la crème fraîche. Salez, poivrez et ajoutez du persil à votre goût.

2. Râpez le gruyère avec le gros trou d'une râpe au-dessus du saladier. Ajoutez les échalotes préalablement pelées et émincées.

3. Laissez reposer la salade pendant 1 h pour que le fromage ait le temps de s'imprégner de la vinaigrette.

VARIANTE

Ajoutez 2 œufs durs coupés en petits morceaux dans la salade.

FACILE

Pour **10** beignets
5 min de préparation
2 min de cuisson
Coût €

BEIGNETS DE FLEUR DE COURGETTE

10 fleurs de courgette • 1 œuf • 2 cuil. à soupe de lait • 1 pincée de sel • 25 g de farine • 1 pincée de levure chimique • Huile de friture

Matériel
Friteuse (facultatif) • Écumoire

1. Faites chauffer l'huile de friture dans une cocotte ou une friteuse. Rincez les fleurs de courgette et déposez-les sur du papier absorbant pour les égoutter.

2. Dans un saladier, fouettez l'œuf avec le lait et le sel. Ajoutez la farine tamisée et la levure chimique. La pâte doit être liquide.

3. Trempez les fleurs de courgette dans la pâte à beignet et déposez-les dans l'huile frémissante. Laissez dorer les beignets 1 ou 2 min par côté. Retirez-les de l'huile à l'aide de l'écumoire et égouttez-les sur du papier absorbant. Servez rapidement.

- FAIT MAISON -

VIANDES

FACILE

Pour **4** personnes
15 min de préparation
3 h de cuisson
Coût €€

BŒUF BOURGUIGNON

600 g de gîte de bœuf • 2 oignons • 1 gousse d'ail • 6 carottes • 100 g de lardons • 1 cuil. à soupe de farine • 20 cl de vin rouge • 1 bouquet garni • 2 cuil. à soupe de concentré de tomates • 1 cuil. à soupe d'huile d'olive • Sel, poivre du moulin

1. Coupez la viande en gros dés. Pelez et émincez les oignons. Épluchez l'ail. Pelez les carottes et coupez-les en deux.

2. Dans une cocotte, faites revenir les cubes de viande dans l'huile d'olive. Salez et poivrez. Laissez les morceaux dorer quelques minutes. Ajoutez ensuite les oignons émincés, l'ail et les lardons. Laissez dorer quelques minutes et saupoudrez le tout de farine. Remuez.

3. Mouillez avec le vin rouge et complétez avec de l'eau pour que la viande soit entièrement couverte. Salez, poivrez et ajoutez le bouquet garni. Couvrez la cocotte. Laissez cuire à petits bouillonnements pendant 2 h, en surveillant la cuisson. Vous pouvez ajouter un verre d'eau en cours de cuisson si nécessaire.

4. Au terme de ce temps de cuisson, ajoutez les carottes et le concentré de tomates. Laissez cuire à nouveau pendant 1 h avant de servir. Accompagnez le bœuf bourguignon de pommes de terre vapeur.

VARIANTE

Faites mariner les cubes de viande pendant 24 h dans le vin rouge avec les aromates. La viande sera plus tendre et plus parfumée.

FACILE

Pour **4** personnes
15 min de préparation
2 h de cuisson
Coût €€

BLANQUETTE DE VEAU

600 g de veau (spécial blanquette) • 3 carottes • 1 navet • 1 gros oignon • 50 g de champignons de Paris • 1 noix de beurre • 2 cuil. à soupe de farine • 1 cube de bouillon • 15 cl de vin blanc • 1 clou de girofle • 15 cl de crème fraîche • 1 jaune d'œuf • Sel, poivre du moulin

1. Coupez la viande en cubes si nécessaire. Pelez les carottes, le navet et l'oignon. Taillez les carottes et le navet en petites rondelles. Émincez l'oignon. Nettoyez les champignons.

2. Dans une cocotte, faites revenir les cubes de veau dans le beurre, jusqu'à ce que les morceaux soient dorés. Saupoudrez de farine et remuez.

3. Ajoutez ensuite le cube de bouillon. Versez le vin blanc et complétez avec de l'eau pour que la viande soit entièrement couverte. Salez et poivrez. Ajoutez les carottes, le navet, l'oignon, les champignons et le clou de girofle.

4. Laissez mijoter pendant 2 h à petit feu, sans bouillir. Remuez de temps en temps. Si nécessaire, ajoutez un verre d'eau en cours de cuisson.

5. Au terme de la cuisson, mélangez dans un bol la crème fraîche et le jaune d'œuf. Ajoutez ce mélange au dernier moment dans la cocotte. Remuez et servez sans attendre. Accompagnez de pâtes ou de purée de pommes de terre maison.

FACILE

Pour **6** personnes
30 min de préparation
1 h **45** de cuisson
Coût €€

POULE-AU-POT

Quelques brins de persil frais • 5 cl de lait • 6 biscottes • 300 g de chair à saucisse • 1 poule de 1,5 kg avec les abats • 6 carottes • 3 poireaux • 6 navets • 2 oignons • 2 clous de girofle • 1 bouquet garni • Sel, poivre du moulin

Matériel
Ficelle de cuisine • Écumoire • Passoire

1. Hachez le persil. Placez-le dans un plat creux avec le lait et les biscottes afin de faire ramollir ces dernières. Mélangez bien, puis ajoutez la chair à saucisse et les abats de poule grossièrement hachés. Salez et poivrez. Remuez jusqu'à ce que la farce soit homogène.

2. Remplissez la poule de la farce obtenue et cousez l'ouverture avec la ficelle de cuisine afin que la farce ne s'échappe pas pendant la cuisson.

3. Placez la poule dans une cocotte, couvrez d'eau et portez à ébullition pendant 15 min, en écumant régulièrement la surface en cours de cuisson.

4. Pelez les légumes. Piquez chaque oignon avec un clou de girofle. Ajoutez tous les légumes dans la cocotte avec le bouquet garni. Poursuivez la cuisson pendant 1 h 30 à petit feu.

5. Au moment de servir, placez la poule dans un plat et entourez-la de légumes. Servez le bouillon de cuisson préalablement filtré à part.

CONSEIL
Vous pouvez très bien réaliser cette recette sans la farce, bien que celle-ci apporte beaucoup de goût à la poule.

TRÈS FACILE

Pour **6** personnes
15 min de préparation
1 h **30** de cuisson
Coût €€

GOULASCH

800 g de gîte de bœuf • 2 gros oignons • 1 cuil. à soupe de farine • 1 cuil. à soupe de paprika en poudre • 10 cl de vin blanc sec • 15 cl de bouillon de bœuf • 6 tomates pelées (fraîches ou en conserve) • 1 feuille de laurier • 1 cuil. à soupe d'huile d'olive • Sel, poivre du moulin

1. Coupez la viande en dés. Épluchez et hachez grossièrement les oignons.

2. Faites chauffer l'huile à feu moyen dans une cocotte. Ajoutez les cubes de bœuf et les oignons. Faites-les revenir jusqu'à ce qu'ils soient dorés. Saupoudrez de farine et de paprika. Salez et poivrez. Remuez.

3. Mouillez avec le vin blanc et le bouillon de bœuf. Laissez cuire à petit feu pendant 1 h, en remuant de temps en temps. Ajoutez les tomates pelées et la feuille de laurier. Poivrez. Laissez cuire à nouveau pendant 30 min avant de servir. Accompagnez de riz.

TRÈS FACILE

Pour **4** personnes
5 min de préparation
1 h **15** de cuisson
Coût €

POULET RÔTI

500 g de pommes de terre • 1 oignon • 1 gousse d'ail • 1 poulet de 1,2 kg • Herbes de Provence • 5 cl d'huile d'olive • Sel, poivre du moulin

1. Préchauffez le four à 210 °C (th. 7). Lavez les pommes de terre et coupez-les en deux dans le sens de la longueur. Pelez l'oignon et la gousse d'ail.

2. Déposez le poulet dans un plat. Badigeonnez-le d'huile d'olive. Salez et poivrez l'intérieur du poulet. Parsemez-le d'herbes de Provence. Disposez les pommes de terre autour du poulet, ainsi que la gousse d'ail et l'oignon, puis versez 20 cl d'eau au fond du plat.

3. Enfournez le poulet pour 1 h de cuisson en l'arrosant d'eau régulièrement. Il doit être bien doré. Selon la taille du poulet, laissez-le cuire 1 h 15 si nécessaire.

FACILE

Pour **4** personnes
15 min de préparation
45 min de cuisson
Coût €

POULET BASQUAISE

2 oignons • 1 gousse d'ail • 2 poivrons • 4 tomates • 600 g de blancs de poulet • 1 cuil. à soupe d'herbes de Provence • 10 cl de vin blanc sec • 2 cuil. à soupe d'huile d'olive • Sel, poivre du moulin

1. Pelez les oignons et l'ail. Écrasez l'ail et émincez les oignons. Épépinez et coupez les poivrons en petits cubes.

2. Dans une cocotte, faites revenir les oignons, l'ail et les poivrons dans 1 cuil. à soupe d'huile d'olive. Laissez dorer pendant 5 min en remuant. Coupez les tomates en petits cubes et ajoutez-les dans la cocotte. Couvrez et laissez mijoter 15 min.

3. Coupez le poulet en lanières ou en petits morceaux. Dans une poêle, faites revenir le poulet dans l'huile restante, jusqu'à ce qu'il soit bien doré.

4. Ajoutez les morceaux de poulet dans la cocotte avec les herbes de Provence et le vin blanc. Laissez mijoter à feu doux pendant encore 20 min avant de servir, en remuant de temps en temps. Servez avec du riz.

TRÈS FACILE

Pour **6** personnes
20 min de préparation
1 h de cuisson
Coût €

POT-AU-FEU

1 cube de bouillon • 1 gros oignon • 4 clous de girofle • 2 poireaux • 6 carottes (2 jaunes et 4 orange, si possible) • 1 navet jaune • 2 petits navets violets • ¼ de petit chou • ½ céleri • 1 bouquet garni • 500 g de paleron de bœuf • 500 g de jarret de bœuf • 1 os à moelle de bœuf • Noix muscade • Quelques brins de cerfeuil frais • Arôme concentré végétal (type Maggi®) • Pain rassis • Vermicelles • Quenelles de moelle (voir recette p. 84) • Sel, poivre du moulin

L'accompagnement
Salade de carottes râpées • Salade de betteraves rouges • Salade de céleri

Matériel
Autocuiseur • Passoire

1. Faites chauffer de l'eau dans l'autocuiseur avec le cube de bouillon et un peu de sel. Pelez l'oignon et piquez-le de clous de girofle. Épluchez les autres légumes et jetez-les entiers dans l'eau qui commence à frémir. Vous pouvez couper en deux les légumes qui vous semblent trop gros. Ajoutez ensuite le bouquet garni et les morceaux de viande entiers.

2. Fermez l'autocuiseur. Laissez cuire pendant 50 min à partir du moment où la soupape commence à tourner et que de la vapeur s'en échappe.

3. Ôtez la soupape et laissez évacuer la pression. Ouvrez l'autocuiseur. Filtrez le bouillon et versez-le dans une cocotte. À l'aide d'une louche, vous pouvez retirer le surplus de graisse. Ôtez le bouquet garni. Disposez la viande dans un plat et réservez au chaud.

4. Ajoutez dans la cocotte de la noix muscade râpée, du cerfeuil, du Maggi® (selon votre goût) et des morceaux de pain rassis. Plongez les légumes dans le bouillon, des vermicelles et des petites quenelles de moelle.

5. Dégustez le bouillon en premier, puis continuez le repas en mangeant la viande et les différentes salades d'accompagnement.

TRÈS FACILE

Pour **4** personnes
10 min de préparation
45 min de cuisson
Coût €

FILET MIGNON EN CROÛTE

1 filet mignon (450 g) • 1 oignon • 1 pâte feuilletée maison ou du commerce • 1 cuil. à soupe de moutarde • 6 tranches de bacon • 200 g de reblochon • 1 jaune d'œuf • 1 cuil. à soupe d'huile d'olive • Sel, poivre du moulin

Matériel
Pinceau alimentaire

1. Préchauffez le four à 200 °C (th. 6-7). Dans une sauteuse, faites revenir le filet mignon dans l'huile d'olive. Laissez-le dorer sur toutes les faces pendant 10 min en tout. Déposez-le sur une assiette. Dans la même sauteuse, faites revenir l'oignon préalablement pelé et émincé.

2. Étalez la pâte feuilletée sur le plan de travail. Déposez les oignons sur la pâte et posez le filet mignon par-dessus. Badigeonnez-le de moutarde. Recouvrez le filet de tranches de bacon et posez le reblochon coupé grossièrement par-dessus. Refermez la pâte feuilletée en appuyant bien sur les bords pour les souder.

3. Badigeonnez la pâte de jaune d'œuf à l'aide du pinceau. Enfournez pour 35 min de cuisson, jusqu'à ce que la pâte soit bien dorée. Découpez le filet mignon en fines tranches et servez avec de la salade verte par exemple.

TRÈS FACILE

Pour **6** personnes
20 min de préparation
30 min de cuisson
Coût €

VOL-AU-VENT

2 cubes de bouillon • 1 feuille de laurier • 4 blancs de poulet • 200 g d'épaule de veau • 40 g de beurre • 40 g de farine • 10 cl de vin blanc • Noix muscade • 150 g de champignons de Paris • 6 coques de vol-au-vent (type bouchées à la reine, mais plus grandes) • Quelques brins de persil frais • Sel, poivre du moulin

1. Préparez le bouillon. Dans une grande casserole, faites chauffer 75 cl d'eau avec les cubes de bouillon et la feuille de laurier. Faites-y pocher les blancs de poulet entiers et le veau pendant 10 min. Sortez-les du bouillon et réservez.

2. Faites fondre le beurre à petit feu dans une casserole. Lorsqu'il est fondu, ajoutez la farine et remuez doucement à l'aide d'un fouet pendant 2 min. Versez le vin blanc, puis incorporez 3 louches du bouillon. Fouettez jusqu'à ce que la préparation s'épaississe. Salez, poivrez et ajoutez de la noix muscade râpée. Ajoutez une louche de bouillon si la sauce est trop épaisse.

3. Coupez le poulet et le veau en dés, puis ajoutez-les dans la casserole avec les champignons préalablement coupés en morceaux s'ils sont gros. Laissez cuire pendant 20 min en remuant de temps en temps.

4. Réchauffez les coques de vol-au-vent au four pendant quelques minutes. Au moment de servir, garnissez les coques de la préparation et servez bien chaud.

VARIANTE

Vous pouvez ajouter quelques quenelles de volaille dans la sauce avant d'y mettre les cubes de poulet.

FACILE

Pour **6** personnes
20 min de préparation
50 min de cuisson
Coût €

TOURTE AU POULET

2 cubes de bouillon de légumes • 1 branche de thym • 1 feuille de laurier • 3 blancs de poulet • 50 g de beurre + pour le moule • 50 g de farine + pour le moule • 5 cl de vin blanc • 25 cl de lait • Noix muscade • Maïzena® (facultatif) • 150 g de champignons de Paris • 1 pâte brisée maison (voir recette p. 12) ou du commerce • 1 œuf (blanc et jaune séparés) • 1 pâte feuilletée maison ou du commerce • Sel, poivre du moulin

Matériel
Moule à tarte • Pinceau alimentaire

1. Préchauffez le four à 200 °C (th. 6-7). Préparez le bouillon. Dans une grande casserole, faites chauffer 75 cl d'eau avec les cubes de bouillon, la branche de thym et la feuille de laurier. Faites-y pocher les blancs de poulet entiers pendant 10 min. Sortez-les du bouillon et réservez.

2. Faites fondre le beurre à petit feu dans une casserole. Lorsqu'il est fondu, ajoutez la farine et remuez doucement à l'aide d'un fouet pendant 2 min. Versez le vin blanc et le lait, puis incorporez 2 louches du bouillon. Fouettez jusqu'à ce que la préparation épaississe. Salez, poivrez et ajoutez de la noix muscade râpée. Si la sauce Béchamel est trop liquide, ajoutez un peu de Maïzena® préalablement diluée dans un liquide froid.

3. Coupez le poulet en petits cubes et ajoutez-les dans la casserole avec les champignons. Mélangez la préparation et réservez.

4. Étalez la pâte brisée et garnissez-en le moule à tarte préalablement beurré et fariné. Piquez la pâte à l'aide d'une fourchette et versez la sauce au poulet par-dessus. Badigeonnez les contours de la pâte de blanc d'œuf à l'aide du pinceau alimentaire.

5. Recouvrez le moule avec la pâte feuilletée, en appuyant bien sur les bords pour souder les deux pâtes ensemble. Badigeonnez la pâte feuilletée de jaune d'œuf et piquez-la à plusieurs reprises à l'aide d'un couteau pointu. Enfournez la tourte pour 40 min de cuisson, jusqu'à ce qu'elle soit bien dorée. Servez la tourte bien chaude avec de la salade verte.

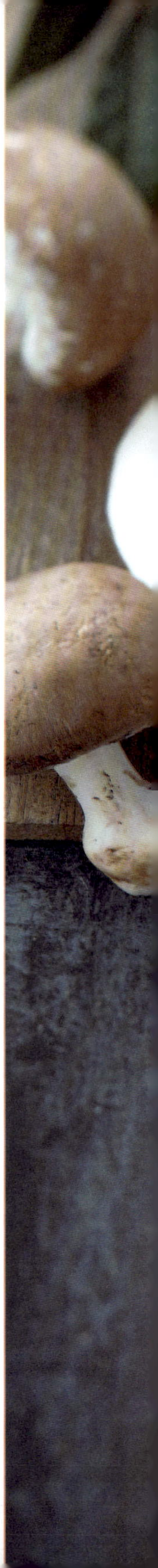

TRÈS FACILE

Pour **4** personnes
15 min de préparation
10 min de cuisson
Coût €€

CUISSES DE GRENOUILLE PANÉES AUX HERBES

20 paires de cuisses de grenouille • 15 g de beurre • 1 cuil. à soupe d'huile neutre • 30 g de farine 2 gousses d'ail • 1 bouquet de persil frais • Sel, poivre du moulin

1. Rincez les cuisses de grenouille sous un filet d'eau froide. Retirez la partie vertébrée à l'aide d'un couteau, de manière à ne garder que la chair des cuisses.

2. Faites fondre le beurre et l'huile dans une poêle. Roulez les cuisses de grenouille dans la farine et faites-les revenir dans la poêle.

3. Laissez-les dorer pendant 5 min de chaque côté. Hachez finement l'ail pelé et le persil. Ajoutez-les dans la poêle. Salez, poivrez et servez bien chaud.

CONSEIL

Si vous utilisez des cuisses de grenouille surgelées, pensez à bien les essorer sur du papier absorbant avant de les tremper dans la farine.

TRÈS FACILE

Pour **4-6** personnes
15 min de préparation
40 min de cuisson
Coût €

CHOU FARCI

1 gros oignon • 2 gousses d'ail • 500 g de viande hachée • Quelques brins de persil frais • 1 cuil. à café d'herbes de Provence • 1 chou vert • 50 cl de coulis de tomates • 50 g de fromage râpé • 1 cuil. à soupe d'huile d'olive • Sel, poivre du moulin

1. Préchauffez le four à 200 °C (th. 6-7). Pelez l'oignon et émincez-le. Épluchez les gousses d'ail et écrasez-les.

2. Dans une poêle, faites chauffer l'huile d'olive. Faites ensuite revenir l'oignon et l'ail pendant 5 min dans l'huile chaude. Ajoutez la viande hachée. Remuez. Salez et poivrez, puis ajoutez du persil haché et les herbes de Provence. Réservez.

3. Lavez le chou. Prélevez les grosses feuilles extérieures. Faites-les cuire pendant 10 min dans un grand volume d'eau bouillante pour les blanchir. Passez-les ensuite sous l'eau froide et étalez-les sur un torchon.

4. Déposez de la viande hachée au centre de chaque feuille de chou. Roulez les feuilles en ramenant les côtés vers le centre. Déposez les petits rouleaux de chou farci au fur et à mesure dans un plat à gratin. Vous pouvez superposer deux feuilles de chou pour faciliter le roulage.

5. Versez le coulis de tomates dans le plat et recouvrez de fromage râpé. Enfournez pour 20 min de cuisson.

VARIANTE

Mélangez la viande hachée avec un peu de riz cuit.

TRÈS FACILE

Pour **4** personnes
25 min de préparation
45 min de cuisson
Coût €

ENDIVES AU JAMBON

8 endives • Sauce Béchamel (recette p. 14) • 8 tranches de jambon • 100 g de fromage râpé

1. Rincez les endives et retirez les feuilles abîmées. Coupez le pied de chaque endive en creusant vers l'intérieur en cône pour retirer toute la partie amère.

2. Faites cuire les endives entières dans un grand volume d'eau bouillante salée pendant 25 min. Égouttez-les ensuite sur du papier absorbant. Préchauffez le four à 200 °C (th. 6-7).

3. Préparez la sauce Béchamel en suivant les instructions de la recette p. 14.

4. Enroulez les endives dans les tranches de jambon et déposez-les dans un plat à gratin. Versez la sauce Béchamel par-dessus et parsemez de fromage râpé.

5. Enfournez les endives au jambon pour 20 min de cuisson, jusqu'à ce que le fromage ait bien fondu.

TRÈS FACILE

Pour **6** personnes
10 min de préparation
30-40 min de cuisson
Coût €

PAIN DE VIANDE

2 oignons • 2 gousses d'ail • 1 échalote • 3 tranches de pain rassis • 5 cl de lait • 2 œufs • Quelques brins de persil frais • 400 g de viande de bœuf hachée • 400 g de viande de porc hachée • 1 cuil. à soupe d'huile d'olive • Sel, poivre du moulin

Matériel
Moule à cake • Robot mixeur

1. Préchauffez le four à 200 °C (th. 6-7). Pelez les oignons, les gousses d'ail et l'échalote. Coupez éventuellement l'oignon en morceaux. Dans un bol ou une assiette creuse, faites tremper le pain rassis dans le lait pour le ramollir.

2. Dans le robot, mixez le pain imbibé, les oignons, l'ail, l'échalote, les œufs et le persil. Mélangez le tout aux viandes hachées. Salez et poivrez.

3. Tassez la préparation dans le moule à cake légèrement badigeonné d'huile d'olive. Enfournez le pain de viande pour 30 à 40 min de cuisson, selon la taille du moule.

4. Le pain de viande se déguste chaud, tiède ou froid, accompagné d'une sauce tomate par exemple.

TRÈS FACILE

Pour **4** personnes
20 min de préparation
15 + 40 min de cuisson
Coût €

POMMES DE TERRE FARCIES

2 oignons • 2 gousses d'ail • 1 échalote • Quelques brins de persil frais • 1 œuf • 500 g de viande hachée • 8 grosses pommes de terre • 10 cl d'huile d'olive • Sel, poivre du moulin

Matériel
Robot mixeur

1. Pelez les oignons, les gousses d'ail et l'échalote. Mixez les oignons, l'ail, l'échalote, le persil et l'œuf. Mélangez le tout à la viande hachée.

2. Épluchez les pommes de terre. Rincez-les sous l'eau froide. Égouttez-les sur du papier absorbant. Coupez-les en deux et videz-les à l'aide d'une petite cuillère ou d'une cuillère à pomme parisienne. Réservez la chair des pommes de terre évidées.

3. Remplissez chaque moitié de pomme de terre de farce à la viande. Recomposez les pommes de terre en réunissant les demi-coques garnies par deux.

4. Dans une cocotte en fonte, faites chauffer l'huile d'olive. Faites griller les pommes de terre à feu vif. Retournez-les pour qu'elles soient dorées des deux côtés. Comptez environ 15 min en tout.

5. Lorsque les pommes de terre sont bien grillées, baissez le feu et ajoutez la chair des pommes de terre. Salez et poivrez. Faites cuire à feu doux pendant 40 min, en veillant bien à ce que les pommes de terre n'attachent pas au fond de la cocotte.

CONSEIL
Si vous ne possédez pas de cocotte en fonte, utilisez une cocotte à revêtement antiadhésif.

ASTUCE
Anciennement, cette recette servait à utiliser différents restes de viande. N'hésitez pas à faire de même.

FACILE

Pour **4** personnes
10 min de préparation
10 min de cuisson
Coût €

QUENELLES DE MOELLE

150 g de moelle de bœuf • 60 g de chapelure • 2 petits œufs • 2 cuil. à soupe de farine • Quelques brins de cerfeuil (ou persil) ciselé • Noix muscade • 50 cl de bouillon de bœuf (voir recette du pot-au-feu p. 66) • Sel, poivre du moulin

1. Faites ramollir la moelle pendant 10 min au bain-marie (dans un récipient posé sur une casserole d'eau frémissante). Si vous utilisez les os à moelle qui ont cuit dans le pot-au-feu, vous n'avez pas besoin de les faire préalablement ramollir.

2. Dans un saladier, mélangez à la fourchette la moelle, la chapelure, les œufs et la farine. Écrasez la préparation à la fourchette et ajoutez le cerfeuil ou le persil ciselé. Assaisonnez de sel, de poivre et de noix muscade râpée.

3. Prélevez 1 cuil. à soupe de pâte et façonnez une petite boule entre vos mains. Si la préparation colle trop, ajoutez 1 cuil. à soupe de farine. Recommencez jusqu'à épuisement de la pâte.

4. Dans une casserole, faites cuire les boulettes de mœlle dans le bouillon de bœuf frémissant pendant 10 min.

FACILE

Pour **4** personnes
5 min de préparation
20 min de cuisson
Coût €

OS À MOELLE À LA FLEUR DE SEL

2 cubes de bouillon de bœuf • 2 carottes • 1 bouquet garni • 1 clou de girofle • 1 feuille de laurier • 1 kg d'os à moelle de bœuf • Pain de campagne grillé • Quelques brins de persil frais • Fleur de sel

1. Dans une cocotte remplie de 2 litres d'eau froide, faites fondre les cubes de bouillon sur feu doux. Ajoutez les carottes préalablement pelées et coupées en rondelles, ainsi que le bouquet garni, le clou de girofle et la feuille de laurier.

2. Lorsque l'eau est frémissante, ajoutez les os à moelle préalablement rincés sous un filet d'eau froide. Laissez cuire les os à moelle pendant 20 min à petits bouillons.

3. Dressez les os à moelle sur une assiette creuse et saupoudrez-les de fleur de sel. Dégustez la moelle sur du pain de campagne grillé avec du persil ciselé.

- FAIT MAISON -

CHARCUTERIES

FACILE

Pour **6** personnes
30 min de préparation
12 h + **1** h de repos
45 min de cuisson
Coût €

PÂTÉ EN CROÛTE

La garniture
1 bouquet de persil • 200 g d'épaule de porc • 200 g d'épaule de veau • 100 g d'échine de porc • 1 feuille de laurier • 2 clous de girofle • Coriandre en poudre • 50 cl de vin blanc • 1 gousse d'ail • 1 œuf entier + 1 jaune • 2 g de sel • Noix muscade • 2 échalotes • 1 noix de beurre + pour le moule • Farine pour le moule • Poivre du moulin

La pâte
300 g de farine • 2 g de sel • 125 g de beurre • 1 œuf

Matériel
Film alimentaire • Hachoir • Moule à cake • Pinceau alimentaire

1. La veille de la recette, lavez et ciselez le persil. Coupez les viandes en morceaux. Déposez-les dans un saladier avec le persil, la feuille de laurier, les clous de girofle et de la coriandre en poudre. Versez le vin blanc. Laissez mariner pendant une nuit recouvert de film alimentaire.

2. Le jour de la recette, hachez finement la viande avec l'ail pelé et l'œuf entier. Assaisonnez avec le sel, du poivre et de la noix muscade râpée. Dans une poêle, faites revenir les échalotes pelées et émincées dans le beurre, puis ajoutez-les à la préparation.

3. Préparez la pâte. Versez la farine et le sel dans un saladier. Creusez un puits au centre et déposez-y le beurre coupé en morceaux. Pétrissez du bout des doigts et ajoutez l'œuf. Ajoutez de l'eau pour lier la pâte. Formez une boule et laissez-la reposer 1 h au frais.

4. Préchauffez le four à 180 °C (th. 6). Étalez la pâte et garnissez-en le moule à cake préalablement beurré et fariné. Laissez dépasser largement la pâte pour pouvoir refermer le pâté par la suite.

5. Remplissez le moule de farce et tassez bien. Recouvrez la farce avec la pâte débordant du moule pour refermer complètement le pâté. S'il reste trop de pâte, découpez des formes dedans et déposez-les sur le pâté pour le décorer.

6. Badigeonnez le pâté de jaune d'œuf à l'aide du pinceau afin qu'il dore à la cuisson. Faites 3 petits trous à l'aide d'un couteau dans le pâté pour que la vapeur puisse s'échapper pendant la cuisson. Enfournez le pâté pour 45 min. S'il colore trop vite, couvrez-le d'une feuille de papier d'aluminium.

DIFFICILE

Pour **6** personnes
45 min de préparation
2 h de cuisson
24 h de réfrigération
Coût €€

FROMAGE DE TÊTE

½ tête de porc • 2 gros oignons • 4 carottes • 1 poireau • 1 bouquet garni • 1 cuil. à café de sel • 50 cl de vin blanc sec • Quelques brins de persil frais • Poivre du moulin

Matériel
Autocuiseur • Passoire • Terrine ou ramequins

1. Passez la tête de porc sous l'eau froide et rincez-la soigneusement. Épluchez les oignons, les carottes et le poireau. Émincez finement les oignons et le blanc de poireau. Laissez les carottes entières.

2. Déposez la tête de porc dans l'autocuiseur avec les oignons, le poireau, les carottes, le bouquet garni, le sel et du poivre. Couvrez avec le vin blanc et de l'eau de sorte que la tête soit entièrement immergée. Fermez l'autocuiseur et laissez cuire pendant 1 h 30 à partir du sifflement de la soupape.

3. Ôtez la soupape et laissez redescendre la pression. Ouvrez l'autocuiseur. Filtrez le bouillon et laissez-le cuire pendant 30 min pour qu'il réduise encore un peu.

4. Retirez la viande de la cocotte et désossez la tête en prenant soin de bien gratter les os pour retirer le maximum de viande. Coupez la viande en petits morceaux.

5. Déposez la viande dans une terrine ou dans plusieurs ramequins. Ajoutez des petits cubes de carotte et du persil frais haché grossièrement. Poivrez. Versez le bouillon réduit dans le ou les moule(s) de manière à en recouvrir tous les morceaux de viande et de légume. Couvrez.

6. Laissez reposer la(es) terrine(s) pendant 24 h au réfrigérateur. Servez le fromage de tête avec du pain de campagne et des salades.

CONSEIL
Si vous utilisez une cocotte normale à la place de l'autocuiseur, doublez le temps de cuisson.

ASTUCE
Le fromage de tête peut se congeler.

TRÈS FACILE

Pour **8** personnes
25 min de préparation
45 min de cuisson
24 h de réfrigération
Coût €€

TERRINE DE CAMPAGNE

250 g de foie de porc • 250 g de gorge de porc • 250 g d'épaule de porc désossée • 3 échalotes • 1 gousse d'ail • Quelques brins de persil frais • 30 g de fécule de pomme de terre • 15 cl de lait • 2 petits œufs • 1 barde de porc • 80 g de farine • 5 g de sel • Poivre du moulin

Matériel
Robot mixeur • Terrine

1. Préchauffez le four à 180 °C (th. 6). Dans le robot, mixez grossièrement les viandes. Pelez les échalotes et l'ail. Hachez également les échalotes, l'ail et le persil au robot. Mélangez le tout dans un saladier.

2. Délayez la fécule de pomme de terre dans le lait froid, puis incorporez le mélange obtenu à la préparation précédente. Ajoutez les œufs battus en omelette. Assaisonnez.

3. Recouvrez la terrine de barde de porc. Versez-y la farce. Fermez la terrine avec son couvercle.

4. Dans un petit bol, mélangez la farine avec un peu d'eau jusqu'à obtention d'une pâte élastique. Disposez cette pâte autour du couvercle de la terrine pour former le joint d'étanchéité.

5. Déposez la terrine dans une plaque de cuisson remplie d'eau. Enfournez pour 45 min de cuisson. Laissez refroidir la terrine avant de la mettre au réfrigérateur pendant 24 h.

CONSEIL
La terrine de campagne se congèle très bien. Découpez-la en tranches et emballez-les séparément dans du papier d'aluminium.

TRÈS FACILE

Pour **6** personnes
40 min de préparation
48 h de réfrigération
40 min de cuisson
Coût €

TERRINE DE LAPIN AUX NOISETTES

1 lapin désossé • 600 g de gorge de porc • 2 oignons • 1 gousse d'ail • 50 cl de vin blanc sec • 5 cl de cognac • 1 bouquet garni • 1 feuille de laurier • 1 clou de girofle • 1 œuf • Quelques brins de persil frais • 200 g de noisettes entières • 1 g de sel • Poivre du moulin

Matériel
Film alimentaire • Robot mixeur • Terrine

1. La veille de la recette, coupez le lapin et la gorge de porc en morceaux. Pelez les oignons et l'ail. Émincez les oignons. Faites mariner la viande dans un saladier au frais pendant 24 h avec le vin blanc, le cognac, le bouquet garni, les oignons, l'ail, la feuille de laurier et le clou de girofle. Couvrez le saladier avec du film alimentaire.

2. Le jour de la recette, préchauffez le four à 180 °C (th. 6). Retirez la viande de la marinade et mixez-la grossièrement avec l'œuf et du persil. Poivrez et salez. Mélangez les noisettes entières à la préparation.

3. Déposez la viande dans une terrine en tassant bien. Déposez la terrine dans une plaque de cuisson remplie d'eau. Enfournez pour 40 min de cuisson.

4. Laissez refroidir la terrine puis laissez-la reposer au réfrigérateur pendant 24 h avant de la déguster.

ASTUCE
Cette terrine se congèle très bien.

TRÈS FACILE

Pour **6** personnes
5 min de préparation
6 min de cuisson
6 h de réfrigération
Coût €

ASPIC

6 œufs • 3 tranches de jambon • 6 cornichons • 1 sachet (12 g) de préparation en pour gelée au madère • Quelques brins de persil frais

Matériel
6 petits ramequins

1. Faites cuire les œufs pendant 6 min dans de l'eau bouillante. Passez-les sous l'eau froide et écalez-les délicatement (ôtez la coquille). Réservez.

2. Coupez en deux les tranches de jambon et taillez les cornichons en rondelles.

3. Préparez la gelée au madère en mélangeant le sachet à 50 cl d'eau dans une casserole. Laissez bouillir pendant 5 min sans cesser de fouetter. Ajoutez du persil haché. Laissez légèrement refroidir.

4. Déposez un œuf mollet dans chaque petit ramequin. Étalez une demi-tranche de jambon à l'intérieur de chaque ramequin et ajoutez quelques rondelles de cornichon au fond. Versez la gelée légèrement refroidie à l'intérieur de chaque ramequin. Laissez durcir au réfrigérateur pendant 6 h.

5. Démoulez les aspics sur une assiette au moment de servir.

VARIANTE
Ajoutez du cerfeuil et des rondelles de carottes cuites dans les aspics à la place des cornichons.

FACILE

Pour **6** personnes
25 min de préparation
24 h de repos
45 min de cuisson
Coût €

PÂTÉ LORRAIN

2 échalotes • 1 oignon • 2 gousses d'ail • 600 g d'échine de porc • 1 feuille de laurier • 2 clous de girofle • 50 cl de vin blanc sec • 1 pâte brisée maison (voir recette p. 12) ou du commerce • 1 œuf (blanc et jaune séparés) • 1 pâte feuilletée maison ou du commerce • Sel, poivre du moulin

Matériel
Film alimentaire • Pinceau alimentaire

1. La veille de la recette, pelez les échalotes, l'oignon et les gousses d'ail. Hachez grossièrement le tout. Coupez la viande en petits dés. Déposez la viande, le hachis d'aromates, la feuille de laurier et les clous de girofle dans un saladier. Couvrez avec le vin blanc. Faites mariner la viande au frais pendant 24 h dans le saladier recouvert de film alimentaire.

2. Le jour de la recette, préchauffez le four à 180 °C (th. 6). Étalez la pâte brisée dans un plat allant au four. Déposez la viande égouttée sur la pâte brisée. Badigeonnez le tour de la pâte de blanc d'œuf à l'aide du pinceau alimentaire. Étalez la pâte feuilletée par-dessus en appuyant sur les bords pour souder les deux pâtes ensemble.

3. Badigeonnez le pâté de jaune d'œuf à l'aide du pinceau. Faites un petit trou au centre de la pâte feuilletée et versez l'équivalent d'un verre de marinade à l'intérieur. Formez des croisillons à l'aide d'un petit couteau sur le pâté lorrain.

4. Enfournez le pâté pour 45 min de cuisson, jusqu'à ce qu'il soit bien doré. Pour servir, coupez le pâté lorrain en tranches et accompagnez-le d'une salade verte.

CONSEIL
Le pâté lorrain peut se congeler. Il suffira de le réchauffer au four avant de le servir.

FACILE

Pour **6** personnes
25 min de préparation
1 h **30** de repos
45 + 35 min de cuisson
Coût €

SAUCISSON BRIOCHÉ

250 g de farine + pour saupoudrer • 15 g de sucre en poudre • 1 g de sel • 1 sachet de levure de boulanger déshydratée • 2 jaunes d'œufs • 10 cl de lait tiède + 2 cuil. à soupe pour la dorure • 80 g de beurre mou • 1 saucisson à cuire

Matériel
Pinceau alimentaire

1. Dans un saladier, mélangez la farine, le sucre, le sel et la levure. Ajoutez les jaunes d'œufs, le lait tiède et le beurre ramolli. Pétrissez la pâte jusqu'à ce qu'elle devienne souple et élastique. Selon la consistance de la pâte, rajoutez un peu de lait ou de farine.

2. Couvez le saladier avec un torchon et laissez lever la pâte pendant 1 h 30 dans un endroit tiède, jusqu'à ce qu'elle double de volume.

3. Faites cuire le saucisson pendant 45 min dans une casserole d'eau bouillante. Égouttez-le et épluchez-le. Préchauffez le four à 180 °C (th. 6).

4. Dégazez la pâte sur un plan de travail fariné en tapant dessus du poing, puis étalez-la en un rectangle de la longueur du saucisson à l'aide d'un rouleau à pâtisserie. Déposez au centre le saucisson et saupoudrez de farine. Repliez la pâte sur le saucisson et soudez bien les bords en appuyant dessus. Badigeonnez la pâte de lait froid à l'aide du pinceau.

5. Enfournez pour 30 à 35 min de cuisson, jusqu'à ce que le saucisson brioché soit doré en surface. À la sortie du four, coupez des tranches de saucisson bien épaisses et dégustez chaud.

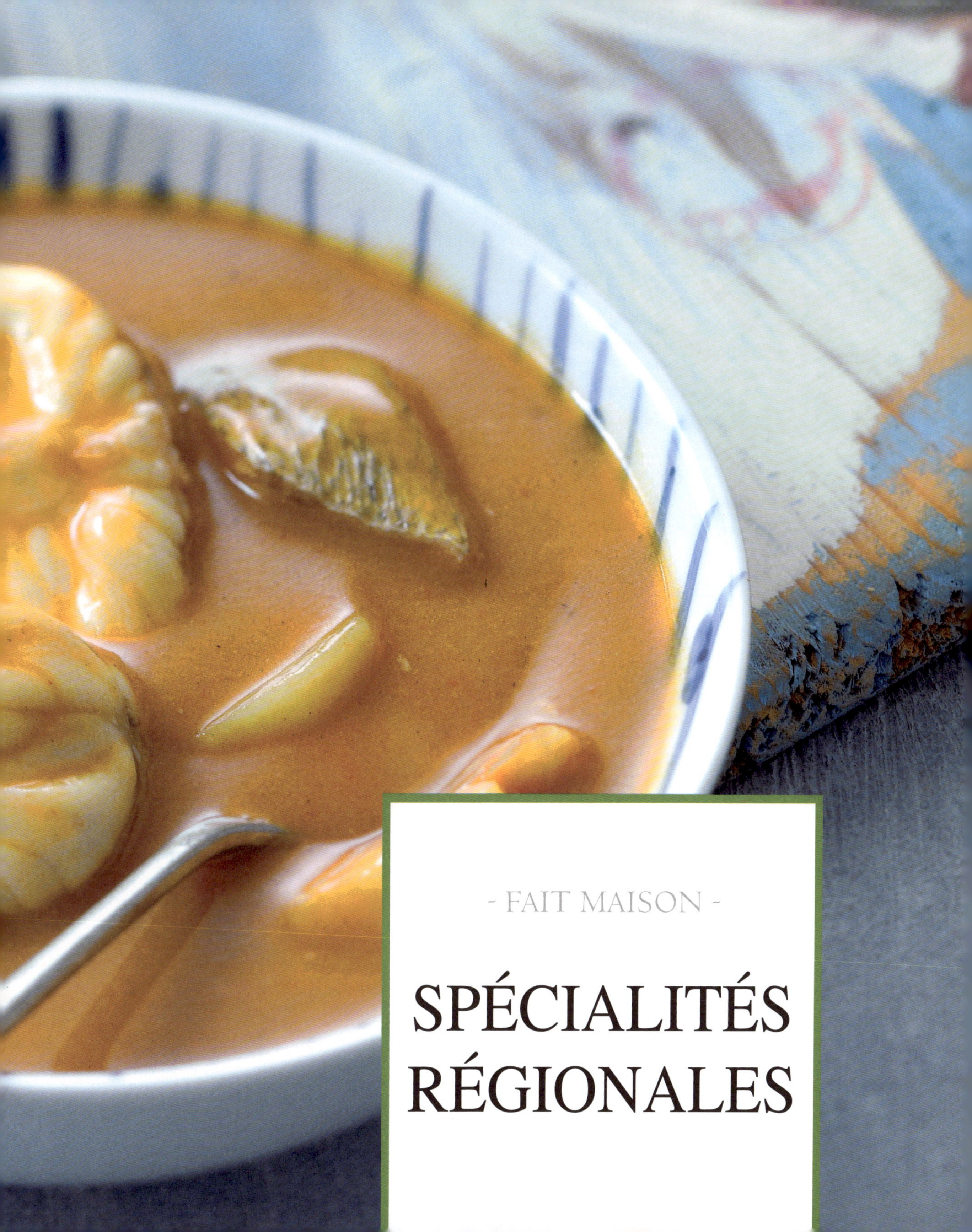

- FAIT MAISON -

SPÉCIALITÉS RÉGIONALES

FACILE

Pour **6-8** personnes
30 min de préparation
24 h de réfrigération
3 h de cuisson
Coût €€

BAECKEOFFE (ALSACE)

400 g d'épaule de porc • 400 g de paleron de bœuf • 400 g d'épaule d'agneau • 1 blanc de poireau • 2 carottes • 1 oignon • 1 l de vin blanc sec d'Alsace • 1 feuille de laurier • 2 clous de girofle • 2 kg de pommes de terre • 100 g de farine • Sel, poivre du moulin

Matériel
Film alimentaire • Terrine

1. La veille de la recette, coupez les viandes en gros cubes. Pelez et coupez en rondelles le poireau, les carottes et l'oignon. Faites mariner les viandes dans un saladier avec le vin blanc et les rondelles des légumes. Ajoutez le laurier et les clous de girofle. Salez et poivrez. Couvrez le saladier de film alimentaire et laissez mariner pendant 24 h au réfrigérateur.

2. Le jour de la recette, préchauffez le four à 140 °C (th. 4-5). Épluchez les pommes de terre et coupez-les en rondelles assez fines.

3. Remplissez la terrine en commençant par une couche de rondelles de pomme de terre. Salez et poivrez, puis déposez la viande égouttée et les légumes marinés. Terminez par une couche de pomme de terre. Assaisonnez. Versez le vin de la marinade dans la terrine. Fermez la terrine avec son couvercle.

4. Dans un petit bol, mélangez la farine avec un peu d'eau jusqu'à obtention d'une pâte élastique. Disposez cette pâte autour du couvercle de la terrine pour former le joint d'étanchéité et évitez ainsi que de la vapeur ne s'échappe de la terrine durant la cuisson. Enfournez pour 3 h de cuisson.

FACILE

Pour **6** personnes
10 min de préparation
40 min de cuisson
Coût €

QUICHE LORRAINE

1 pâte brisée maison (voir recette p. 12) ou du commerce • 3 gros œufs • 250 g de crème fraîche épaisse • 150 g de lardons • Noix muscade • 100 g de fromage râpé • Beurre et farine pour le moule • Poivre du moulin

Matériel
Moule à tarte

1. Si vous la préparez maison, réalisez la pâte brisée en suivant les indications de la recette p. 12. Préchauffez le four à 180 °C (th. 6). Étalez la pâte et garnissez-en le moule à tarte préalablement beurré et fariné. Piquez la pâte à l'aide d'une fourchette.

2. Dans un saladier, fouettez les œufs et la crème fraîche jusqu'à ce que l'appareil devienne bien lisse. Faites griller les lardons dans une poêle et ajoutez-les dans le saladier. Poivrez et saupoudrez d'un peu de noix muscade râpée. Ajoutez le fromage râpé en dernier.

3. Versez la préparation sur la pâte brisée. Enfournez la quiche pour 40 min de cuisson. Elle doit être bien dorée.

CONSEIL
Dégustez la quiche lorraine tiède accompagnée d'une salade verte.

FACILE

Pour **6** personnes
50 min de préparation
35-40 min de cuisson
Coût €€€

BOUILLABAISSE (PROVENCE)

2 kg de poissons (lotte, rascasse, congre, saint-pierre, vive, daurade) • 2 oignons • 3 gousses d'ail + pour les croûtons • 1 kg de pommes de terre • 6 grosses tomates • 1 cuil. à café de graines de fenouil • 1 pincée de safran en poudre • 1 cuil. à café de concentré de tomates • 1 bouquet garni • Rouille • Croûtons de pain • 5 cl d'huile d'olive • Sel, poivre du moulin

Matériel
Écumoire • Passoire fine

1. Demandez à votre poissonnier de vider et d'écailler les poissons. Coupez-les en gros morceaux. Pelez les oignons et l'ail, puis émincez finement les oignons et écrasez l'ail. Épluchez les pommes de terre et coupez-les en rondelles assez grosses.

2. Faites revenir les oignons et l'ail dans une grande cocotte avec l'huile d'olive. Ajoutez les tomates coupées en deux et faites cuire pendant 5 min à feu doux.

3. Versez 1 litre d'eau dans la cocotte, puis ajoutez les graines de fenouil, le safran, le concentré de tomates et le bouquet garni. Portez à ébullition. Plongez les morceaux des poissons dans l'eau bouillante et laissez cuire pendant 10 min à gros bouillons. Retirez le poisson à l'aide de l'écumoire et déposez-les dans un plat creux. Réservez.

4. Filtrez la soupe à l'aide de la passoire fine pour ôter les éventuelles arêtes et la rendre bien lisse. Reversez la soupe dans la cocotte, salez et poivrez. Ajoutez les rondelles de pomme de terre et laissez cuire pendant 10 min à petits bouillons.

5. Lorsque les pommes de terre sont cuites, ajoutez les morceaux de poisson dans la soupe et laissez mijoter encore quelques minutes avant de servir. Servez la bouillabaisse bien chaude avec des petits croûtons de pain frottés à l'ail et tartinés de rouille.

CONSEIL
Dans la recette traditionnelle, l'eau est remplacée par un fumet de poisson réalisé avec les têtes et les queues des poissons.

VARIANTE
Ajoutez 1 litre de moules à la préparation lorsque les pommes de terre sont cuites. Il ne faut que quelques minutes de cuisson pour les moules.

FACILE

Pour **4** personnes
30 min de préparation
30 min de réfrigérateur
25 min de cuisson
Coût €

GNOCCHIS AU POTIMARRON, SAUCE AU PARMESAN

400 g de potimarron (un petit potimarron) • 1 œuf • 250 g de farine • Huile d'olive • Sel, poivre du moulin

La sauce au parmesan
15 cl de crème liquide • 10 cl de lait • 100 g de parmesan

Matériel
Presse-purée (facultatif) • Écumoire

1. Coupez le potimarron en cubes et faites-les cuire pendant 15 min dans une casserole d'eau bouillante salée. Égouttez le potimarron et laissez-le refroidir. Dans un saladier, écrasez-le à la fourchette ou à l'aide du presse-purée.

2. Ajoutez l'œuf à la purée de potimarron et remuez. Salez, poivrez et versez la farine petit à petit jusqu'à obtention d'une pâte collante, mais ferme.

3. Farinez le plan de travail (il faut en mettre beaucoup) et façonnez un boudin de pâte assez long et fin. Découpez des morceaux tous les 2 cm environ et écrasez légèrement chaque boudin à l'aide d'une fourchette pour leur donner leur forme striée.

4. Laissez reposer les gnocchis bien farinés pendant 30 min au réfrigérateur.

5. Plongez les gnocchis dans une casserole d'eau frémissante salée. Ils remontent à la surface lorsqu'ils sont cuits. Sortez-les à l'aide de l'écumoire et déposez-les au fur et à mesure dans un plat. Versez un léger filet d'huile d'olive dans le plat de gnocchis pour éviter qu'ils ne collent entre eux.

6. Préparez la sauce au parmesan. Dans une petite casserole, versez la crème liquide et le lait. Râpez des copeaux de parmesan et ajoutez-les dans la casserole. Faites chauffer doucement de manière à faire fondre le parmesan. Remuez jusqu'à obtention d'une sauce bien lisse et versez-la sur les gnocchis. Servez bien chaud.

CONSEIL
Ajoutez quelques feuilles de basilic sur les gnocchis au moment de servir.

FACILE

Pour 1 tarte
25 min de préparation
30 min de repos
6 min de cuisson
Coût €

TARTE FLAMBÉE (FLAMMEKUECHE, ALSACE-LORRAINE)

La pâte
250 g de farine • 1 g de sel • 3 cl d'huile

La garniture
2 oignons • 150 g de crème fraîche épaisse • 200 g de lardons fumés • Sel, poivre du moulin

Matériel
Papier sulfurisé

1. Préparez la pâte. Mélangez la farine et le sel dans un saladier. Versez l'huile puis 15 cl d'eau tiède petit à petit. Pétrissez la pâte pendant 5 min, jusqu'à ce qu'elle soit bien lisse et légèrement élastique. Laissez reposer la pâte pendant 30 min à température ambiante.

2. Préchauffez le four à 250 °C (th. 8). Pelez et émincez les oignons finement. Dans un petit bol, mélangez la crème fraîche avec du sel et du poivre.

3. Étalez la pâte sur une plaque de cuisson recouverte de papier sulfurisé. Répartissez la crème sur le fond de tarte. Ajoutez les oignons par-dessus, ainsi que les lardons.

4. Enfournez la Flammekueche pour 5 ou 6 min de cuisson, jusqu'à ce qu'elle soit bien dorée. Servez sans attendre.

CONSEILS
Pour obtenir une Flammekueche gratinée, parsemez-la de gruyère râpé. Vous pouvez également utiliser du munster.

VARIANTE
Pour la version alsacienne de la tarte flambée, remplacez la crème fraîche par du fromage blanc. La version lorraine ne comporte que de la crème fraîche.

FACILE

Pour **6** personnes
50 min de préparation
12 h de repos
1 h **30** de cuisson
Coût €€

CASSOULET (SUD-OUEST)

500 g de haricots blancs secs • 2 carottes • 2 oignons • 2 clous de girofle • 2 gousses d'ail • 1 bouquet garni • 1 cuil. à café de concentré de tomates • 2 saucisses de Morteau • 6 manchons de canard confit • 6 tranches de lard fumé • 4 tomates pelées • Poivre du moulin

Matériel
Autocuiseur

1. La veille de la recette, faites tremper les haricots blancs dans un saladier rempli d'eau froide pendant 12 h. Changez deux fois l'eau.

2. Le jour même, épluchez et taillez les carottes en rondelles. Pelez les oignons et coupez-les en deux. Piquez les clous de girofle dans des morceaux d'oignon. Pelez également l'ail.

3. Versez 2 litres d'eau dans l'autocuiseur et plongez-y les haricots égouttés, l'ail, le bouquet garni, les quartiers d'oignon et le concentré de tomates. Fermez l'autocuiseur et laissez cuire pendant 20 min à partir du sifflement de la soupape.

4. Dans une grande casserole remplie d'eau, faites cuire les saucisses de Morteau pendant 30 min. Dans une poêle, faites griller les manchons de canard. Ils doivent être bien dorés.

5. Ôtez la soupape de l'autocuiseur et laissez la pression s'évacuer. Ouvrez ensuite l'autocuiseur. Ajoutez les tranches de lard fumé, les tomates pelées et les rondelles de carotte. Fermez à nouveau l'autocuiseur et laissez cuire 10 min à partir du sifflement de la soupape. Préchauffez le four à 200 °C (th. 6-7).

6. Faites à nouveau retomber la pression de l'autocuiseur et ouvrez-le. Versez tout son contenu dans un plat allant au four. Poivrez et ajoutez les saucisses et les manchons de canard. Enfournez pour 20 à 25 min de cuisson. Le dessus du cassoulet doit être bien grillé.

CONSEIL
Il n'est pas nécessaire de saler la recette car le lard fumé et les saucisses de Morteau le sont suffisamment.

FACILE

Pour **2** personnes
15 min de préparation
24 h de repos
1 h de cuisson
Coût €

BRANDADE DE MORUE (NÎMES)

400 g de morue salée • 400 g de pommes de terre • 1 gousse d'ail • 1 filet d'huile d'olive • 1 filet de jus de citron • 15 cl de lait

1. La veille de la recette, déposez la morue salée dans une bassine d'eau. Faites-la tremper pendant 24 h, en changeant l'eau au moins trois fois.

2. Le jour de la recette, faites cuire la morue dans une grande casserole d'eau bouillante pendant 20 min. Dans une autre casserole d'eau, faites cuire les pommes de terre entières pendant 20 min environ. Pelez la gousse d'ail. Préchauffez le four à 180 °C (th. 6).

3. Une fois que la morue est cuite, égouttez-la sur du papier absorbant et laissez-la refroidir. Faites la même chose pour les pommes de terre. Effilez la morue grossièrement dans un plat et retirez toutes les arêtes. Ajoutez le filet d'huile d'olive, puis l'ail et le jus de citron.

4. Épluchez les pommes de terre et écrasez-les à l'aide d'une fourchette dans un saladier. Incorporez la purée à la morue et mélangez. Pour lier le mélange, ajoutez le lait petit à petit en remuant.

5. Remplissez un plat à gratin de cette préparation. Enfournez la brandade pour 20 min de cuisson, jusqu'à ce qu'elle soit bien dorée.

FACILE

Pour **4** personnes
15 min de préparation
1 h de réfrigération
13 min de cuisson
Coût €

QUENELLES LYONNAISES

50 g de beurre • 200 g + 50 g de farine • 3 œufs • 1 cube de bouillon • 30 cl de sauce tomate • 50 g de fromage râpé • Sel, poivre du moulin

1. Dans une casserole, faites fondre le beurre dans 25 cl d'eau. Salez et poivrez. Portez à ébullition et ajoutez les 200 g de farine hors du feu. Remuez la pâte jusqu'à ce qu'elle se détache des parois de la casserole. Ajoutez les œufs un à un, en mélangeant bien entre chaque ajout. La pâte doit devenir bien lisse.

2. Versez les 50 g de farine dans un petit bol. Prélevez 1 cuil. à soupe de pâte et déposez-la dans la farine. Formez une petite quenelle. Renouvelez l'opération jusqu'à épuisement de la pâte. Disposez les quenelles farinées au fur et à mesure sur une assiette farinée. Laissez reposer les quenelles au réfrigérateur pendant 1 h.

3. Préchauffez le four à 200 °C (th. 6-7). Pochez les quenelles pendant 3 min dans une casserole d'eau bouillante avec le cube de bouillon. Elles remontent toutes seules à la surface lorsqu'elles sont cuites. Déposez-les au fur et à mesure dans un plat à gratin.

4. Versez la sauce tomate sur les quenelles et parsemez le plat de fromage râpé. Enfournez pour 20 min de cuisson.

FACILE

Pour **4** personnes
15 min de préparation
15 min de cuisson
Coût €

FONDUE VIGNERONNE

800 g de viande de bœuf (viande à fondue) • 2 oignons • 1 gousse d'ail • 1 cube de bouillon • 50 cl de vin rouge (Bourgogne) • 1 cuil. à café de thym • 1 feuille de laurier • 1 clou de girofle • 1 cuil. à soupe d'huile d'olive • Sel, poivre du moulin

Matériel
Caquelon à fondue

1. Coupez la viande en gros cubes. Réservez au réfrigérateur. Pelez et émincez les oignons. Épluchez l'ail.

2. Dans le caquelon, faites revenir les oignons et l'ail dans l'huile d'olive. Versez 15 cl d'eau et ajoutez le cube de bouillon. Remuez et versez le vin rouge. Ajoutez le laurier, le thym et le clou de girofle. Salez et poivrez. Faites frémir la préparation pendant 15 min (ne la faites pas bouillir).

3. Posez le caquelon sur la table. Les convives vont tremper les cubes de bœuf dans le bouillon de vin pendant 1 ou 2 min pour les faire cuire, comme pour la fondue bourguignonne.

CONSEIL
Vous pouvez filtrer le bouillon avant de le présenter à table.

FACILE

Pour **4** personnes
20 min de préparation
1 h de repos
10 min de cuisson
Coût €€

ESCARGOTS DE BOURGOGNE

1 cube de bouillon • 1 feuille de laurier • 1 bouquet de persil • 3 gousses d'ail • 150 g de beurre • 4 douzaines d'escargots • Sel, poivre du moulin

Matériel
4 douzaines de coquilles d'escargots vides

1. Dans une casserole, faites chauffer 50 cl d'eau avec le cube de bouillon et la feuille de laurier. Hachez finement le persil et l'ail préalablement pelé. Mélangez-les au beurre légèrement ramolli. Salez et poivrez.

2. Préchauffez le four à 200 °C (th. 6-7). Nettoyez bien puis séchez les coquilles vides d'escargots.

3. Rincez les escargots sous l'eau froide. Nettoyez-les et ne gardez que le pied de l'escargot (le muscle). Déposez un pied d'escargot dans chaque coquille vide. Versez 1 cuil. à soupe de bouillon dans chaque coquille, puis bouchez le trou avec le beurre aromatisé. Renouvelez l'opération jusqu'à épuisement des ingrédients.

4. Déposez les coquilles garnies au fur et à mesure dans un plat. Enfournez-le pour 10 min de cuisson, jusqu'à ce que le beurre soit frémissant. Servez aussitôt.

TRÈS FACILE

Pour **2-3** personnes
20 min de préparation
15 min de cuisson
Coût €

MOULES MARINIÈRE (NORD)

1,4 kg de moules de Bouchot • 1 noix de beurre • 2 échalotes • 1 cuil. à soupe de farine • 25 cl de vin blanc • Quelques brins de persil frais • 5 cl de crème liquide • Sel, poivre du moulin

1. Frottez les coquilles des moules avec une petite brosse pour bien les nettoyer et rincez-les soigneusement sous l'eau froide.

2. Dans une grande cocotte, faites fondre le beurre et ajoutez les échalotes préalablement pelées et coupées en petits morceaux. Laissez-les suer quelques minutes et saupoudrez le tout de farine. Versez le vin blanc et remuez. Salez, poivrez et ajoutez du persil haché.

3. Versez les moules dans la cocotte et remuez délicatement en soulevant bien toutes les coquilles. Couvrez la cocotte et laissez cuire à feu pendant 15 min. Remuez de temps en temps.

4. En fin de cuisson, versez la crème dans la cocotte et mélangez. Servez bien chaud avec quelques frites en accompagnement.

TRÈS FACILE

Pour **2-3** personnes
20 min de préparation
1 h de réfrigération
15 min de cuisson
Coût €

FICELLE PICARDE

La pâte à crêpes
4 œufs • 50 cl de lait • 1 pincée de sel • 250 g de farine

La sauce Béchamel jambon-champignon
Sauce Béchamel (voir recette p. 14) • 50 g de gruyère râpé • 150 g de champignons en conserve • 3 tranches de jambon • Sel, poivre du moulin

1. Préparez la pâte à crêpes. Dans un saladier, fouettez les œufs avec le lait et la pincée de sel. Versez la farine en pluie. Remuez bien jusqu'à obtention d'une pâte de consistance bien lisse. Vous pouvez ajouter un peu de lait si la pâte vous semble trop épaisse. Laissez reposer la pâte pendant 1 h au réfrigérateur.

2. Faites chauffer une crêpière ou une poêle légèrement huilée. Faites cuire les crêpes 1 min de chaque côté, jusqu'à épuisement de la pâte. Déposez-les au fur et à mesure sur une assiette chaude.

3. Réalisez la sauce Béchamel en suivant les indications de la recette p. 14. Salez, poivrez et ajoutez le gruyère râpé, les champignons égouttés et le jambon coupé en petits morceaux.

4. Étalez un peu de cette garniture sur chaque crêpe, puis roulez-les. Disposez les crêpes roulées au fur et à mesure dans un plat, puis réchauffez quelques minutes au four avant de servir.

FACILE

Pour **6** personnes
20 min de préparation
45 min de cuisson
Coût €

GRATIN DAUPHINOIS

1,5 kg de pommes de terre • 25 g de beurre • 2 gousses d'ail • Noix muscade • 30 cl de crème liquide • 20 cl de lait • Sel, poivre du moulin

Matériel
Mandoline ou robot ménager

1. Préchauffez le four à 180 °C (th. 6). Épluchez les pommes de terre. Coupez-les en fines lamelles à l'aide de la mandoline ou du robot. Rincez-les sous l'eau froide pour retirer le plus possible d'amidon.

2. Badigeonnez un plat à gratin de 10 g de beurre. Pelez et émincez finement l'ail, puis répartissez-le au fond du plat.

3. Déposez les lamelles de pomme de terre dans le plat en deux couches, en salant et râpant de la noix muscade entre les couches. Versez la crème liquide et le lait sur les pommes de terre. Salez et poivrez. Parsemez le gratin de noix du beurre restant.

4. Enfournez le gratin pour 45 min de cuisson, jusqu'à ce qu'il soit bien doré.

DIFFICILE

Pour **6-8** personnes
25 min de préparation
10 min + **1** h **30** + **45** min de repos
40-45 min de cuisson
Coût €

KOUGELHOPF (ALSACE)

20 g de levure de boulanger fraîche (½ cube) • 25 cl de lait • 500 g de farine • 1 pincée de sel • 100 g de sucre en poudre • 1 sachet de sucre vanillé • 5 jaunes d'œufs + 1 œuf entier • 150 g de beurre fondu + pour le moule • 1 grosse poignée de raisins secs • Quelques amandes entières • Sucre glace

Matériel
Robot ménager (facultatif) • Moule à Kougelhopf • Papier sulfurisé (facultatif)

1. Émiettez la levure fraîche dans le lait préalablement tiédi. Attention, si le lait est trop chaud, il va tuer la levure et votre Kougelhopf ne lèvera pas. Laissez reposer 10 min.

2. Mélangez la farine, le sel et les sucres dans le bol du robot (ou dans un saladier si vous réalisez la pâte à la main). Ajoutez tous œufs. Versez le lait et la levure, puis le beurre fondu. Pétrissez la pâte pendant au moins 10 min. Si la pâte est très collante, c'est normal.

3. Lorsque la pâte est bien homogène, couvrez le bol du robot avec un torchon humide et laissez lever la pâte pendant 1 h 30 dans un endroit chaud (à côté du radiateur par exemple). Lorsque la pâte a doublé de volume, mettez-la sur un plan de travail fariné. Tapez la pâte au poing pour la dégazer. Ajoutez alors les raisins secs. Si la pâte colle vraiment trop, ajoutez 1 cuil. à soupe de farine. Beurrez généreusement le moule à Kougelhopf et déposez dans les cannelures des amandes entières.

4. Versez la pâte dans le moule et laissez-la lever pendant encore 45 min dans un endroit tiède. Préchauffez le four à 180 °C (th. 6).

5. Enfournez pour 40 à 45 min de cuisson, jusqu'à ce que le Kougelhopf soit bien doré. S'il colore trop, recouvrez-le de papier sulfurisé. Au terme de la cuisson, laissez reposer le Kougelhopf dans le moule pendant 15 min avant de le démouler sur une grille.

6. Saupoudrez le Kougelhopf de sucre glace lorsqu'il est froid. Pour la conservation, emballez-le bien dans du papier d'aluminium.

FACILE

Pour **6** personnes
25 min de préparation
1 h-1 h 30 de repos
25 min de cuisson
Coût €

TARTE AU SUCRE (NORD)

La pâte
12 g de levure fraîche de boulanger (¼ de cube) • 10 cl de lait • 300 g de farine + pour le moule • 1 pincée de sel • 50 g de sucre en poudre • 2 œufs • 80 g de beurre + pour le moule

La garniture
150 g de perles de sucre • 50 g de beurre • 10 cl de crème liquide

Matériel
Robot ménager (facultatif) • Moule à tarte

1. Dans un bol, émiettez la levure de boulanger dans le lait préalablement légèrement tiédi. Laissez reposer pendant 5 min.

2. Dans un saladier, mélangez la farine, le sel et le sucre en poudre. Creusez un puits au centre et versez-y les œufs, ainsi que le mélange lait-levure. Remuez d'abord à la cuillère en bois, puis avec vos mains. Lorsque la pâte est homogène, ajoutez le beurre coupé en petits morceaux. Pétrissez la pâte jusqu'à ce qu'elle soit bien lisse et légèrement élastique. Vous pouvez si vous le souhaitez la pétrir au robot. Recouvrez le saladier d'un torchon humide et laissez lever la pâte pendant 1 h à 1 h 30 dans un endroit tiède.

3. Préchauffez le four à 180 °C (th. 6). Lorsque la pâte a doublé de volume, dégazez-la en appuyant sur la pâte avec vos mains. Si la pâte est collante, c'est normal. Étalez la pâte et garnissez-en le moule à tarte préalablement beurré et fariné. Faites 14 trous dans la pâte avec vos doigts, en les espaçant bien.

4. Parsemez le fond de tarte de perles de sucre et remplissez les trous avec le beurre coupé en petits morceaux. Versez enfin la crème liquide en filet sur la tarte.

5. Enfournez la tarte pour 25 min de cuisson, jusqu'à ce qu'elle soit bien dorée. Au terme de la cuisson, démoulez-la et laissez-la refroidir sur une grille. Cette tarte se déguste tiède ou totalement refroidie.

VARIANTES
Remplacez les perles de sucre par du sucre roux. Remplacez la levure fraîche de boulanger par 2 cuil. à café de levure sèche de boulanger.

FACILE

Pour **6** personnes
20 min de préparation
1 h de repos
45 min de cuisson
Coût €

FAR AUX PRUNEAUX (BRETAGNE)

150 g de pruneaux dénoyautés • 25 cl de thé chaud • 50 cl de lait • 10 cl de crème liquide • 50 g de beurre demi-sel + pour le moule • 3 œufs • 80 g de sucre en poudre • 150 g de farine

1. Faites tremper les pruneaux dans le thé chaud pendant 1 h. Préchauffez ensuite le four à 180 °C (th. 6).

2. Dans une casserole, faites chauffer le lait, la crème liquide et le beurre coupé en morceaux. Portez à ébullition et laissez tiédir.

3. Dans un saladier, fouettez les œufs entiers avec le sucre en poudre, jusqu'à ce que le mélange blanchisse. Incorporez la farine petit à petit en fouettant. Versez le mélange lait-crème-beurre tiédi en dernier, sans cesser de fouetter.

4. Beurrez un plat à gratin et déposez-y les pruneaux. Versez la pâte sur les fruits. Enfournez le far aux pruneaux pour 45 min de cuisson, jusqu'à ce qu'il soit bien doré. Pour vérifier la cuisson, plantez la lame d'un couteau dans le far aux pruneaux : elle doit en ressortir sèche. N'hésitez pas à prolonger la cuisson de quelques minutes si besoin.

DIFFICILE

Pour **6** personnes
40 min de préparation
2 h de repos
20 min de réfrigération
35 min de cuisson
Coût €

KOUIGN-AMANN (BRETAGNE)

10 g de levure fraîche de boulanger • ½ cuil. à café de sel • 220 g de farine + 30 g pour le plan de travail • 150 g de beurre demi-sel mou + pour le moule • 150 g de sucre en poudre

Matériel
Pinceau alimentaire • Film alimentaire • Moule rond de 22 ou 24 cm de diamètre

1. Émiettez la levure dans 10 cl d'eau tiède. Dans un saladier, mélangez le sel et la farine. Creusez un puits au centre et versez-y la levure. Pétrissez la pâte jusqu'à ce qu'elle devienne souple et légèrement élastique. Couvrez le saladier d'un torchon et laissez lever la pâte pendant 2 h à température ambiante.

2. Versez la pâte sur le plan de travail fariné et donnez-lui une forme rectangulaire à l'aide d'un rouleau à pâtisserie. Étalez un quart du beurre sur la pâte à l'aide du pinceau et saupoudrez généreusement du quart du sucre en poudre. Repliez la pâte en trois de manière à enfermer le beurre et le sucre. Étalez à nouveau la pâte en rectangle. Si le beurre s'échappe un peu, ce n'est pas grave. Recommencez la même opération avec un quart du beurre et du sucre. Repliez la pâte en trois. Enveloppez-la de film alimentaire et laissez-la reposer au réfrigérateur 20 min.

3. Préchauffez le four à 210 °C (th. 7). Beurrez le moule à gâteau. Étalez encore une fois la pâte en rectangle et beurrez-la avec un quart du beurre. Saupoudrez d'un quart du sucre en poudre. Repliez la pâte en deux et rabattez-en les coins pour lui donner la forme du moule. Déposez la pâte dans le moule et répartissez par-dessus des noisettes du beurre restant. Saupoudrez avec le reste du sucre.

4. Enfournez le kouign-amann pour 30 min de cuisson. Il doit être bien doré. Pendant la cuisson, le gâteau va rendre du beurre. Vous pouvez arroser le gâteau avec ce beurre pour l'imbiber. À la sortie du four, laissez-le reposer 10 min avant de le démouler sur un plat. Servez le kouign-amann tiède ou chaud accompagné de cidre.

CONSEILS
Le kouign-amann se conserve pendant 3 jours au frais emballé dans du papier d'aluminium. Pour le réchauffer, passez-le pendant quelques secondes au four à micro-ondes.

- FAIT MAISON -

DESSERTS & DOUCEURS

FACILE

Pour **6** personnes
20 min de préparation
45 min de cuisson
Coût €

GÂTEAU À L'ORANGE

4 œufs • 250 g de sucre en poudre • 20 cl d'huile neutre • ½ sachet de levure chimique • 250 g de farine • 2 oranges • Beurre et farine pour le moule

Matériel
Presse-agrumes • Batteur électrique

1. Préchauffez le four à 200 °C (th. 6-7). Séparez les blancs des jaunes d'œufs.

2. Dans un saladier, fouettez les jaunes d'œufs avec le sucre en poudre jusqu'à ce que le mélange blanchisse. Ajoutez l'huile. Mélangez la levure chimique à la farine et incorporez le tout délicatement à la préparation.

3. Pressez les oranges pour en récolter 20 cl de jus avec la pulpe. Incorporez le jus au mélange précédent.

4. Montez les blancs d'œufs en neige à l'aide du batteur électrique, puis incorporez-les délicatement à la pâte. Versez la pâte dans un moule préalablement beurré et fariné.

5. Enfournez le gâteau pour 45 min de cuisson. Vérifiez la cuisson en plantant la lame d'un couteau au cœur du gâteau ; elle doit en ressortir sèche. Au terme de la cuisson, démoulez le gâteau et laissez-le refroidir sur une grille.

FACILE

Pour **6** personnes
20 min de préparation
10 min de repos
45 min de cuisson
Coût €

MENDIANT (BETTELMAN)

50 cl de lait • 250 g de pain rassis ou de brioche • 3 pommes • 50 g de raisins secs • 3 œufs • 180 g de sucre en poudre • Cannelle moulue • 20 g de beurre + pour le moule

Matériel
Plat à gratin

1. Faites chauffer le lait dans une casserole. Émiettez le pain rassis ou la brioche dans un saladier, puis versez le lait bouillant par-dessus. Laissez reposer pendant 10 min. Préchauffez le four à 200 °C (th. 6-7).

2. Pendant ce temps, épluchez les pommes, épépinez-les puis coupez-les en cubes. Beurrez le plat à gratin. Déposez les cubes de pomme et les raisins secs dans le plat.

3. Dans un saladier, fouettez les œufs avec le sucre en poudre, puis incorporez le lait et les morceaux de pain ou de brioche trempés. Ajoutez de la cannelle à votre goût. Versez la préparation dans le plat, sur les fruits.

4. Coupez le beurre en petits morceaux et répartissez-les sur le mendiant. Enfournez le mendiant pour 45 min de cuisson, jusqu'à ce qu'il soit bien doré.

VARIANTE
Remplacez les pommes par 250 g de cerises non dénoyautées.

FACILE

Pour **6** personnes
20 min de préparation
40 min de cuisson
Coût €

GÂTEAU AUX NOISETTES

250 g de noisettes entières décortiquées • 4 œufs • 125 g de beurre mou + pour le moule • 250 g de sucre en poudre • 15 cl de lait • 180 g de farine + pour le moule • 1 sachet de levure chimique

Matériel
Robot mixeur ou blender • Batteur électrique • Maryse (spatule en plastique souple) • Moule à gâteau de votre choix

1. Préchauffez le four à 180 °C (th. 6). Mixez les noisettes dans le mixeur ou le blender. Séparez les blancs des jaunes d'œufs.

2. Dans un saladier, mélangez le beurre mou avec le sucre en poudre. Ajoutez les jaunes d'œufs. Lorsque le mélange est bien homogène et lisse, ajoutez le lait, la poudre de noisettes, la farine et la levure chimique. La pâte doit être assez épaisse.

3. Montez les blancs d'œufs en neige bien ferme à l'aide du batteur électrique, puis incorporez-les délicatement à la pâte en deux fois. Remuez doucement à l'aide de la maryse.

4. Versez la pâte dans un grand moule à gâteau préalablement beurré et fariné. Enfournez pour 40 min de cuisson, jusqu'à ce que le gâteau soit bien doré. Laissez-le refroidir sur une grille avant de le déguster.

VARIANTE
Remplacez les noisettes par des noix.

FACILE

Pour **4** personnes
20 min de préparation
35 min de cuisson
Coût €

STRÜDEL AUX POMMES

6 feuilles de brick • 50 g de beurre fondu • 500 g de pommes • 50 g de raisins secs • 100 g de cerneaux de noix concassés • 70 g de sucre en poudre • 1 cuil. à café de cannelle moulue • Sucre glace

Matériel
Papier sulfurisé • Pinceau alimentaire

1. Préchauffez le four à 180 °C (th. 6). Étalez les feuilles de brick sur une feuille de papier sulfurisé, en les faisant se chevaucher de façon à former un rectangle. Repliez les bords d'environ 10 cm. À l'aide du pinceau alimentaire, badigeonnez le tout de beurre fondu afin de lier les feuilles entre elles.

2. Épluchez les pommes, épépinez-les et coupez-les en petits cubes. Mélangez-les dans un saladier avec les raisins secs, les noix, le sucre en poudre et la cannelle.

3. Déposez ce mélange au centre du rectangle de feuilles de brick, puis repliez les feuilles pour former un rouleau.

4. Déposez le Strüdel sur une plaque de cuisson recouverte de papier sulfurisé et badigeonnez-le avec le reste de beurre fondu. Enfournez-le pour 35 min de cuisson, jusqu'à ce qu'il soit bien doré et croustillant.

5. À la sortie du four, déposez le Strüdel sur un plat et saupoudrez-le de sucre glace. Servez-le tiède et accompagnez-le d'une boule de glace à la vanille.

VARIANTE
Vous pouvez remplacer les feuilles de brick par de la pâte feuilletée.

FACILE

Pour **6** personnes
20 min de préparation
25-30 min de cuisson
Coût €

TARTE TATIN

1 pâte brisée maison (voir recette p. 12) ou du commerce • 150 g de sucre en poudre • 50 g de beurre • 5 pommes

Matériel
Moule à manqué

1. Si vous la préparez maison, réalisez la pâte brisée en suivant les indications de la recette p. 12. Préchauffez le four à 180 °C (th. 6).

2. Dans une casserole, assemblez le sucre en poudre avec 1 cuil. à soupe d'eau. Faites chauffer et, lorsque le caramel prend une jolie couleur ambrée, ajoutez le beurre préalablement coupé en petits morceaux.

3. Versez le caramel dans le moule à manqué. Épluchez et coupez les pommes en quartiers. Retirez les trognons et disposez les pommes dans le moule.

4. Étalez la pâte brisée sur un plan de travail légèrement fariné. Déposez la pâte sur les pommes en rentrant bien les bords à l'intérieur du moule. Piquez la pâte à l'aide d'une fourchette.

5. Enfournez la tarte Tatin pour 25 à 30 min de cuisson, jusqu'à ce que la pâte soit bien dorée. Sortez la tarte du four et démoulez-la immédiatement sur une assiette en la retournant.

CONSEIL
Dégustez la tarte Tatin tiède et accompagnez-la d'une cuillerée de crème fraîche ou d'une boule de glace à la vanille.

FACILE

Pour **6-8** personnes
20 min de préparation
35 min de cuisson
Coût €

TARTE AUX MIRABELLES

1 pâte sablée maison (voir recette p. 13) ou du commerce • 20 g de poudre d'amandes • 800 g de mirabelles • 20 g de sucre roux • 1 cuil. à café de cannelle moulue • Beurre et farine pour le moule

Matériel
Moule à tarte

1. Si vous la préparez maison, réalisez la pâte sablée en suivant les indications de la recette p. 13. Préchauffez le four à 200 °C (th. 6-7).

2. Étalez la pâte et garnissez-en le fond du moule à tarte préalablement beurré et fariné. Parsemez le fond de tarte de poudre d'amandes.

3. Rincez les mirabelles sous l'eau froide. Coupez-les en deux et retirez le noyau. Disposez les mirabelles sur la pâte. Saupoudrez-les de sucre roux et de cannelle.

4. Enfournez la tarte pour 35 min de cuisson. Elle doit être bien dorée. Au terme de la cuisson, laissez-la refroidir avant de la déguster.

FACILE

Pour **6-8** personnes
20 min de préparation
50 min de cuisson
Coût €

TARTE AU FROMAGE BLANC

1 pâte brisée maison (voir recette p. 12) ou du commerce • 3 œufs • 500 g de fromage blanc à 20 % de matière grasse au moins • 20 cl de crème liquide • 150 g de sucre en poudre • 1 sachet de sucre vanillé • 2 cuil. à soupe de farine + pour le moule • Sucre glace • Beurre pour le moule

Matériel
Batteur électrique • Moule à tarte • Papier d'aluminium (facultatif)

1. Si vous la préparez maison, réalisez la pâte brisée en suivant les indications de la recette p. 12. Préchauffez le four à 160 °C (th. 5-6). Séparez les blancs des jaunes d'œufs.

2. Dans un saladier, mélangez le fromage blanc et la crème liquide. Ajoutez le sucre en poudre, le sucre vanillé, la farine et les jaunes d'œufs. Fouettez. Montez les blancs d'œufs en neige à l'aide du batteur électrique, puis incorporez-les délicatement à la préparation précédente.

3. Étalez la pâte brisée et garnissez-en le moule à tarte préalablement beurré et fariné. Piquez la pâte à l'aide d'une fourchette. Versez la préparation au fromage blanc sur le fond de tarte.

4. Enfournez la tarte pour 50 min de cuisson. Elle doit être bien dorée. Si la tarte colore trop vite, couvrez-la de papier d'aluminium.

5. Au terme de la cuisson, sortez la tarte du four et retournez-la sur une grille à gâteau. Laissez-la refroidir complètement avant de la retourner sur une assiette. De cette manière, elle ne s'affaissera pas. Saupoudrez la tarte de sucre glace au moment de servir.

VARIANTE
Remplacez la pâte brisée par de la pâte feuilletée.

FACILE

Pour **6** personnes
10 min de préparation
40 min de cuisson
Coût €

CLAFOUTIS AUX CERISES

3 œufs • 100 g de sucre en poudre • 130 g de farine • 50 cl de lait • 500 g de cerises • 1 noix de beurre pour le moule

Matériel
Plat à gratin

1. Préchauffez le four à 180 °C (th. 6). Beurrez le plat à gratin.

2. Dans un saladier, fouettez les œufs entiers avec le sucre en poudre. Ajoutez la farine, puis le lait petit à petit. Fouettez la préparation jusqu'à ce qu'elle soit bien lisse.

3. Déposez les cerises (non dénoyautées) dans le plat à gratin. Versez la pâte sur les fruits. Enfournez le clafoutis pour 40 min de cuisson, jusqu'à ce qu'il soit bien doré.

CONSEIL
Il faut garder les cerises entières, sans enlever le noyau, pour qu'elles restent bien juteuses.

FACILE

Pour **4** personnes
10 min de préparation
5 min de cuisson
Coût €

BANANES FLAMBÉES

20 g de beurre • 4 bananes • 20 g de sucre en poudre • 1 cuil. à café de cannelle moulue • 5 cl de Grand Marnier®

1. Faites chauffer le beurre dans une poêle. Épluchez les bananes et coupez-les en deux dans le sens de la longueur. Faites griller les bananes dans la poêle. Lorsqu'elles sont bien grillées d'un côté, retournez-les et saupoudrez-les de sucre et de cannelle.

2. Lorsque les bananes sont bien caramélisées, versez le Grand Marnier® dans la poêle et faites-le flamber à l'aide d'une allumette.

3. Lorsque la flamme s'éteint, servez les bananes flambées aussitôt.

TRÈS FACILE

Pour **6** personnes
10 min de préparation
25 min de cuisson
Coût €

GÂTEAU DE SEMOULE

50 cl de lait • 1 gousse de vanille • 80 g de semoule de blé fine • 80 g de sucre en poudre • 1 pincée de sel • 60 g de beurre • 2 œufs • Caramel liquide (voir recette p. 17) • 1 noix de beurre pour les ramequins

Matériel
6 ramequins

1. Beurrez les ramequins. Préchauffez le four à 200 °C (th. 6-7).

2. Dans une casserole, portez le lait à ébullition avec la gousse de vanille fendue. Lorsqu'il bout, versez la semoule en pluie dans la casserole et remuez sur feu doux jusqu'à ce que le mélange épaississe.

3. Ajoutez le sucre en poudre, la pincée de sel, puis le beurre coupé en morceaux. Fouettez vivement la préparation et ajoutez en dernier les œufs préalablement battus en omelette, sans cesser de fouetter.

4. Répartissez la préparation dans les ramequins beurrés. Disposez les ramequins dans un plat contenant de l'eau bouillante jusqu'à mi-hauteur. Enfournez pour 25 min de cuisson au bain-marie.

5. Laissez complètement refroidir les gâteaux de semoule avant de les démouler. Nappez les gâteaux de caramel liquide au moment de servir.

TRÈS FACILE

Pour **6** personnes
15 min de préparation
30 min de cuisson
Coût €

CRÈMES AUX ŒUFS

50 cl de lait • 1 gousse de vanille • 2 œufs entiers + 2 jaunes • 80 g de sucre en poudre

Matériel
6 ramequins

1. Préchauffez le four à 160 °C (th. 5-6). Dans une casserole, portez le lait à ébullition avec la gousse de vanille fendue.

2. Dans un saladier, fouettez les œufs entiers, les jaunes d'œufs et le sucre. Versez le lait bouillant, en ayant préalablement ôté la gousse de vanille, sans cesser de fouetter.

3. Versez la crème dans les ramequins. Disposez-les dans un plat contenant de l'eau bouillante à mi-hauteur.

4. Enfournez pour 30 min de cuisson au bain-marie. La crème doit rester tremblotante. Au terme de la cuisson, laissez refroidir les petites crèmes avant de les déguster.

CONSEIL
Nappez les crèmes de caramel liquide avant de servir.

VARIANTE
Pour des petites crèmes au chocolat, ajoutez 1 cuil. à soupe de cacao amer en poudre dans le lait.

TRÈS FACILE

Pour **6** personnes
10 min de préparation
38 min de cuisson
Coût €

RIZ AU LAIT

100 g de riz rond • 1 litre de lait entier • 1 gousse de vanille • 100 g de sucre en poudre

Matériel
6 ramequins

1. Dans une casserole, portez 1 litre d'eau à ébullition. Versez le riz en pluie et laissez-le cuire pendant 3 minutes dans l'eau bouillante. Égouttez-le.

2. Dans une autre casserole, assemblez le lait, la gousse de vanille fendue et le sucre en poudre. Portez à ébullition. Baissez le feu et ajoutez le riz. Laissez cuire à petit feu pendant 35 min en remuant de temps en temps. Il ne doit pratiquement plus rester de lait à la fin de la cuisson.

3. Retirez la gousse de vanille. Éteignez le feu et laissez reposer la préparation dans la casserole pendant quelques minutes pour que le riz absorbe le reste de lait.

4. Versez le riz au lait dans des petits ramequins et servez-le tiède ou froid.

VARIANTES
Remplacez la gousse de vanille par un zeste de citron ou de la cannelle, par exemple.

FACILE
Pour **6** personnes
5 min de préparation
45 min de cuisson
Coût €

POMMES AU FOUR

6 pommes (type Boskoop) • 6 cuil. à soupe de gelée de groseille • 6 cuil. à soupe de sucre roux • 6 noisettes de beurre

Matériel
Vide-pomme • Plat à gratin

1. Préchauffez le four à 200 °C (th. 6-7). Retirez le trognon des pommes à l'aide d'un vide-pomme.

2. Disposez les pommes dans le plat et remplissez chaque fruit évidé avec de la gelée de groseille. Parsemez de beurre et saupoudrez de sucre roux. Versez 20 cl d'eau dans le fond du plat.

3. Enfournez les pommes pour 45 min de cuisson. Au terme de la cuisson, elles doivent devenir toutes fripées et bien caramélisées. Servez les pommes encore tièdes.

FACILE
Pour **6** personnes
15 min de préparation
10 min de cuisson
Coût €

CRÈME À LA VANILLE

50 cl de lait • 1 gousse de vanille • 4 cuil. à soupe de fécule de maïs • 30 g de sucre en poudre • 1 sachet de sucre vanillé • 1 œuf

1. Dans une casserole, portez à ébullition la moitié du lait avec la gousse de vanille fendue. Dans un saladier, mélangez le lait restant froid avec la fécule de maïs. Ajoutez les sucres et l'œuf. Fouettez. Versez le lait bouillant sur la préparation sans cesser de remuer.

2. Reversez la préparation dans la casserole et faites cuire à petit feu en remuant constamment jusqu'à ce que la crème épaississe et nappe le dos d'une cuillère en bois.

3. Servez la crème tiède ou totalement refroidie.

VARIANTE
Remplacez la gousse de vanille par 2 cuil. à soupe de cacao amer en poudre pour une version chocolatée.

FACILE

Pour **4** personnes
15 min de préparation
35-40 min de cuisson
Coût €

CRÈME RENVERSÉE AU CARAMEL

1 gros œuf entier + 1 jaune d'œuf • 20 g de sucre en poudre • ½ cuil. à café d'extrait de vanille liquide • 25 cl de lait entier

Le caramel
80 g de sucre en poudre

Matériel
Moule à bords hauts

1. Réalisez un caramel en faisant cuire le sucre à sec dans une casserole, jusqu'à ce qu'il fonde et prenne une couleur ambrée. Ne le remuez pas pendant cette opération.

2. Versez rapidement le caramel obtenu dans le fond du moule, avant qu'il ne fige. Préchauffez le four à 180 °C (th. 6).

3. Dans un saladier, fouettez les œufs avec le sucre en poudre et la vanille liquide. Ajoutez le lait petit à petit. Versez la préparation dans le moule. Posez-le dans un plat allant au four et remplissez-le d'eau à mi-hauteur.

4. Enfournez la crème pour 35 à 40 min de cuisson au bain-marie. La crème est cuite lorsqu'elle est ferme mais un peu tremblotante et dorée. À la sortie du four, retournez le moule aussitôt sur une assiette. Servez la crème renversée encore tiède.

VARIANTE
Préparez la crème renversée dans 4 petits ramequins pour obtenir des petites crèmes individuelles.

DIFFICILE

Pour **6** personnes
15 min de préparation
6 min de cuisson
Coût €

ÎLES FLOTTANTES

Crème anglaise (voir recette p. 18) • 25 cl de lait • 5 blancs d'œufs • 1 cuil. à soupe de sucre en poudre • Caramel liquide (voir recette p. 17)

Matériel
Batteur électrique • 6 coupelles

1. Préparez la crème anglaise en suivant les indications de la recette p. 18. Conservez bien les blancs d'œufs pour la suite de la recette.

2. Dans une grande casserole, faites chauffer 25 cl de lait mélangé à 50 cl d'eau (c'est le liquide de pochage).

3. Pendant ce temps, montez les blancs d'œufs en neige bien ferme à l'aide du batteur électrique. Lorsqu'ils sont pris, ajoutez le sucre en poudre et fouettez encore quelques instants.

4. À l'aide d'une cuillère à soupe préalablement trempée dans de l'eau froide, prélevez des cuillerées de blancs d'œufs et pochez-les 3 min de chaque côté dans la casserole remplie du liquide de pochage frémissant. Attention, ce liquide ne doit pas bouillir.

5. Égouttez longuement les blancs pochés sur du papier absorbant. Répartissez la crème anglaise dans les coupelles de service et disposez les blancs pochés par-dessus. Nappez les îles flottantes de caramel liquide avant de déguster.

CONSEIL
Parsemez les îles flottantes d'amandes grillées effilées.

FACILE

Pour **6** personnes
20 min de préparation
4 h de réfrigération
Coût €

MOUSSE AU CHOCOLAT

200 g de chocolat noir pâtissier • 5 cl de lait • 4 jaunes d'œufs + 5 blancs d'œufs

Matériel
Maryse (spatule en plastique souple) • Batteur électrique • 6 ramequins

1. Faites fondre le chocolat noir préalablement cassé en morceaux avec le lait dans une casserole à petit feu. Lorsque le chocolat a fondu, ôtez la casserole du feu. Remuez à l'aide de la maryse et ajoutez les jaunes d'œufs. Mélangez bien.

2. Dans un saladier, montez les blancs d'œufs en neige bien ferme à l'aide du batteur électrique, puis incorporez-les délicatement à la préparation précédente avec la maryse.

3. Répartissez la mousse au chocolat dans les petits ramequins et laissez-la reposer au réfrigérateur pendant 4 h au moins. Servez bien frais.

CONSEIL
Parsemez la mousse de copeaux de chocolat préalablement prélevés à l'aide d'un couteau économe.

- FAIT MAISON -

CONFITURES & GELÉES

FACILE

Pour **4** pots
15 min de préparation
50 min de cuisson
Coût €

CONFITURE DE RHUBARBE

1,2 kg de rhubarbe (soit 1 kg de rhubarbe épluchée) • 1 citron non traité • 800 g de sucre en poudre

Matériel
Cocotte (en cuivre de préférence) • Presse-agrumes • Petite passoire • 4 bocaux stérilisés

1. Épluchez la rhubarbe et coupez-la en tronçons de 2 cm d'épaisseur environ. Déposez la rhubarbe dans la cocotte avec 25 cl d'eau.

2. Faites cuire pendant 10 min à couvert. La rhubarbe va compoter. Pressez le citron et versez le jus filtré dans la cocotte. Ajoutez le sucre en poudre.

3. Portez à ébullition pendant 10 min en remuant sans cesse. Baissez le feu et prolongez la cuisson de 10 min, toujours en remuant.

4. Renouvelez cette opération encore deux fois (10 min d'ébullition puis 10 min à feu doux). Pour vérifier si la confiture est prise, déposez une cuillerée de confiture sur une assiette et laissez-la refroidir. Si elle fige, stoppez la cuisson. Dans le cas contraire, poursuivez la cuisson quelques minutes supplémentaires.

5. Versez la confiture bouillante dans les bocaux et refermez-les immédiatement. Tournez les bocaux et laissez-les refroidir à l'envers pour permettre une bonne stérilisation.

VARIANTE
Ajoutez une gousse de vanille fendue à la seconde étape de la recette afin de conférer à la confiture une petite note vanillée.

FACILE

Pour **6** pots
15 min de préparation
50 min de cuisson
Coût €

CONFITURE DE TOMATES VERTES

1 kg de tomates vertes • 800 g de sucre en poudre • 1 citron

Matériel
Cocotte (en cuivre de préférence) • Presse-agrumes • Petite passoire • 6 bocaux stérilisés

1. Lavez et essuyez les tomates. Coupez-les dans le sens horizontal et ôtez le pédoncule. Coupez ensuite les tomates en petits morceaux.

2. Dans la cocotte, faites compoter les tomates à petit feu pendant 10 min à couvert. Ajoutez ensuite le sucre en poudre. Pressez le citron et ajoutez le jus filtré dans la cocotte.

3. Portez le mélange à ébullition en remuant sans cesse. Baissez ensuite le feu et prolongez la cuisson, toujours en remuant, jusqu'à ce que la confiture prenne une couleur ambrée. Portez à nouveau la confiture à ébullition trois fois de suite (environ 10 min d'ébullition puis 10 min à feu doux à chaque fois).

4. Pour vérifier si la confiture est prise, déposez une 1 cuillerée de confiture sur une assiette et laissez-la refroidir. Si elle fige, stoppez la cuisson. Dans le cas contraire, poursuivez la cuisson quelques minutes supplémentaires.

5. Versez la confiture bouillante dans les bocaux et refermez-les immédiatement. Tournez les bocaux et laissez-les refroidir à l'envers pour permettre une bonne stérilisation.

FACILE

Pour **8** personnes
20 min de préparation
1 h de cuisson
12 h de repos
Coût €

PÂTES DE FRUITS À LA FRAMBOISE

500 g de framboises fraîches • 1 citron • 550 g de sucre en poudre • 40 g (1 sachet) de gélifiant pour confiture (type Vitpris®) • 100 g de sucre cristallisé

Matériel
Mixeur • Chinois • Presse-agrumes • Cocotte (en cuivre de préférence) • Plat carré ou rectangulaire • Papier sulfurisé

1. Mixez les framboises et passez-les au chinois pour récolter le plus de jus possible et ôter les pépins. Pressez le citron et filtrez le jus obtenu.

2. Dans la cocotte, versez la purée de framboises, le jus de citron, le sucre en poudre et le gélifiant. Faites chauffer et portez à ébullition pendant 10 min sans cesser de remuer.

3. Versez la préparation dans le plat préalablement tapissé de papier sulfurisé. Laissez durcir toute une nuit à température ambiante.

4. Le lendemain, découpez le bloc de pâte de framboises en carrés, puis roulez-les dans le sucre cristallisé.

CONSEIL
Les pâtes de fruits se conservent pendant 3 semaines dans une boîte hermétique à température ambiante.

FACILE

Pour **4** pots
5 min de préparation
2 h de cuisson
Coût €

CONFITURE DE LAIT

1,2 litre de lait entier • 600 g de sucre en poudre

Matériel
4 bocaux stérilisés

1. Versez le lait dans une grande casserole à fond épais et ajoutez le sucre en poudre. Portez à ébullition sans cesser de remuer pour faire dissoudre le sucre.

2. Baissez le feu et laissez cuire la préparation pendant 2 h, en remuant régulièrement pour éviter la formation d'une peau. La préparation doit réduire de moitié et prendre une belle couleur caramel.

3. Versez la confiture bouillante dans les bocaux et refermez-les immédiatement. Tournez les bocaux et laissez-les refroidir à l'envers pour permettre une bonne conservation.

CONSEIL
La confiture de lait se conserve une semaine au réfrigérateur après ouverture du pot.

ASTUCE
Pour une version plus rapide, faites cuire un pot de lait concentré sucré pendant 30 min dans un autocuiseur, à partir du sifflement de la soupape. Laissez refroidir la conserve avant de l'ouvrir.

- MESURES ET ÉQUIVALENCES -

MESURER LES INGRÉDIENTS

INGRÉDIENTS	1 cuil. à café	1 cuil. à soupe	1 verre à moutarde
Beurre	7 g	20 g	-
Cacao en poudre	5 g	10 g	90 g
Crème épaisse	1,5 cl	4 cl	20 cl
Crème liquide	0,7 cl	2 cl	20 cl
Farine	3 g	10 g	100 g
Liquides divers (eau, huile, vinaigre, alcools)	0,7 cl	2 cl	20 cl
Maïzena®	3 g	10 g	100 g
Poudre d'amandes	6 g	15 g	75 g
Raisins secs	8 g	30 g	110 g
Riz	7 g	20 g	150 g
Sel	5 g	15 g	-
Semoule, couscous	5 g	15 g	150 g
Sucre en poudre	5 g	15 g	150 g
Sucre glace	3 g	10 g	110 g

MESURER LES LIQUIDES

1 verre à liqueur = 3 cl

1 tasse à café = 8 à 10 cl

1 verre à moutarde = 20 cl

1 mug = 25 cl

POUR INFO

1 œuf = 50 g

1 noisette de beurre = 5 g

1 noix de beurre = 15 à 20 g

RÉGLER SON FOUR

Température (°C)	Thermostat
30	1
60	2
90	3
120	4
150	5
180	6
210	7
240	8
270	9

- TABLE DES RECETTES -

- TABLE DES MATIÈRES -

Retrouvez l'auteur sur son blog: www.evacuisine.fr

Isabelle Brouant remercie :
Ressource : www.ressource.peinture.com ;
Sensitive et Fils : www.sensitiveetfils.com ;
Jars Céramistes : www.jarsceramistes.com ;
Virages ;
Loulou Addict : www.loulouaddict.com ;
Et Aline, toujours aussi gourmande et enthousiaste.

43, quai de Grenelle – 75905 Paris, Cedex 15

Pour l'éditeur, le principe est d'utiliser des papiers composés de fibres naturelles, renouvelables, recyclables et fabriqués à partir de bois issus de forêts qui adoptent un système d'aménagement durable. En outre, l'éditeur attend de ses fournisseurs de papier qu'ils s'inscrivent dans une démarche de certification environnementale reconnue.

Direction : Catherine Saunier-Talec
Responsable éditoriale : Anne la Fay
Responsable de projet : Anne Vallet
Conception intérieure et couverture : Salah Kherbouche
Réalisation intérieure : Les Paoistes
Correction : Nelly Mégret
Fabrication : Amélie Latsch

Dépôt légal : janvier 2013
23-11-0844-02-3
ISBN : 978-2-01-230844-2
Impression : Décembre 2013, Cayfosa Espagne